AF411001

CE QUE LE VOCABULAIRE

DU FRANÇAIS LITTÉRAIRE DOIT A RABELAIS.

Notre intention, dans l'article qu'on va lire, est de fixer, dans la mesure du possible, ce que le vocabulaire de la langue de nos jours doit à Rabelais.

La publication, en 1902 et 1903, des volumes V et VI de l'édition Marty-Laveaux, qui contiennent le glossaire de notre auteur, permet d'assurer à un pareil travail une base solide. Ce n'est pas que ce glossaire soit sans omissions. Il y manque quelques mots, tels que : *acclamation* (iv. 3), *athlétique* (i. 28), *brusquement* (i. 27), *caporal* (iv. 64), *cervelat* (iv. 41), *contour* (Sciom., éd. Marty-Laveaux, iii. 397), *festin* (i. 51, ii. 4, iii. 2), *fréquent* (iv. 26), *imposteur* (i. 45), *inscription* (i. 54), *macaron* (iv. 40), *saccager* (iv. 67), *savant* (ii. 2, i. 23), *voltigeur* (i. 23). Il arrive aussi que le premier exemple de l'emploi d'un mot n'y soit pas indiqué, ainsi pour *bronze* (i. 26 et i. 57) et pour *agriculture* (i. 24). Mais le glossaire Marty-Laveaux est tellement supérieur à tout ce qui a paru jusqu'ici qu'on ne songerait même pas à lui reprocher les légères omissions qu'il peut présenter.

L'expression « la langue de nos jours » prête au malentendu. Il est important de dire que, pour ce qui nous concerne, un mot sera considéré comme de la langue actuelle s'il se trouve dans le *Dictionnaire général* de Hatzfeld, Darmesteter et Thomas.

Nous commençons par établir la liste qui suit (A), aussi complète que possible, des mots que le *Dictionnaire général* fait remonter à Rabelais, en ajoutant à chacun d'eux l'indication du livre et du chapitre où l'exemple est puisé et, s'il y a lieu, de la graphie particulière de l'auteur[1].

1. Dans l'article qu'on va lire : R. = Rabelais, éd. Marty-Laveaux,

Liste A.

1. acclamation, R. iv. 3.
aconit, R. iii. 51, aconite.
adjuration, R. i. 43.
adscrit, R. iii. pr., adscript.
adultérateur, R. iv. 46.
aéré, R. iii. 23.
aéromancie, R. iii. 25, aero-
mantie.
affener, R. iii. 15.
agrégatif, R. v. 30.
10. agriculture, R. i. 24.
agrimenseur, R. ii. 30.
aiguade, R. iv. 2.
aillade, R. ii. 32.
alezan, R. i. 12.
amateur, R. ii. 18.
amble, R. ii. 1.
amnistie, R. iii. 1, amnestie.
amphisbène, R. iv. 64.
amphithéâtre, R. Lettres.
20. amurer, R. iv. 22.
anagnoste, R. iv. pr.
analogie, R. i. 10.
anatomiser, R. iv. 66.
ancile, R. iv. 49.
angarie, R. iv. 51.
anguillade, R. ii. 30.
anserin, R. i. 20.
antidoter, R. i. 18.
antinomie, R. iii. 44.
30. antiphrase, R. iii. 50.
antiquaire, R. iii. 3.
antistrophe, R. ii. 16.
aoriste, R. v. 1, aorist.
apathie, R. iii. 1.

aphorisme, R. v. 31.
apocalyptique, R. iv. 53,
apocalypticque.
apophtegme, R. i. 27, apo-
phthegme.
apostème, R. iii. 40.
appointeur, R. iii. 41, apoinc-
teur.
40. aquilin, R. ii. 16, aquillin.
arboriser, R. i. 23.
arbuste, R. ii. 8.
architecture, R. i. 1.
architrave, R. iii. 38.
architriclin, R. iii. pr.
armoisin, R. ii. 16, armoisy.
arrache-pied (d'), R. iii. 38.
artichaut, R. iii. 50, arti-
chault.
articulation, R. iii. 20.
50. artificiellement, R. ii. 16.
artisan, R. iii. 1, artizan.
asbeste, R. iii. 52.
ascendant, R. iv. 63, ascen-
dent.
aspect, R. iii. 44.
asphodèle, R. i. 13.
assassinateur, R. iii. 2.
assassineur, R. iii. 3.
assortiment, R. i. 53.
athlétique, R. i. 28.
60. attenter, R. i. 43, attempter.
aulique 1, R. iii. 46.
automate, R. i. 24.
avaleur, R. i. 20, avalleur.
avenue, R. Sc., advenue.

6 vol.; J. Le M. = Jean Le Maire de Belges, éd. Stecher, 4 vol.; God. = Godefroy; *Dict. gén.* = *Dictionnaire général* de Hatzfeld, Darmesteter et Thomas. — Pour ce qui est emprunté à God. ou au *Dict. gén.*, qui sont tous les deux très accessibles, nous avons employé les abréviations de ces deux ouvrages et nous les avons même exagérées; pour ce que nous avons pris dans nos propres lectures, nous n'avons employé que des abréviations évidentes.

axonge, R. ii. 29, axunge.
babine, R. ii. 4.
badaud, R. ii. 18, badault.
badin, R. iii. 37.
balliste, R. iv. 61, baliste.
70. ballotter, R. iv. 27, balloter.
banque, R. ii. 17, bancque.
baragouin, R. ii. 9, barra-
gouin.
baragouinage, R. iii. 22
baraliplon, R. i. 17.
barigel, R. iii. 20, barizel.
barrir, R. iii. 13, barrier.
basané, R. iii. 22.
basique, R. v. 43.
basse-cour, R. i. 54, basse-
court.
80. bécarre, R. iii. 38, b quarre.
bécassin, R. iv. 59.
bedondaine, R. i. 20.
bellâtre, R. iii. 25, bellastre.
bemol, R. iii. 38, b mol.
berne 1, R. i. 56.
bestiaire 1, R. Sc.
bilboquet, R. i. 22, bille bo-
quet.
billevesée, R. i. pr., billes
vezées (pl.).
bitton, R. iv. 19.
90. blatte, R. i. 1.
blutage, R. iii. 19, belu-
taige.
bocal, R. ii. 18, boucal.
bondrée, R. i. 22.
bonnette, R. iv. 63.
borax, R. ii. 33, baurach.
bouchon, R. i. 15.
bouquer, R. iv. 53, bouc-
quer.
bourriquet, R. i. 2.
boursouflé, R. iii. 38.
100. boussole, R. v. 17.
boutarque, R. i. 3.
brague, R. iii. 7.
braguette, R. i. 8.
brahmane, R. ii. 18, brach-
mane.
bramer, R. i. 7.

brancard, R. i. 23, branc-
quars (pl.).
brandi, R. iv. 17.
bredouille, R. i. 2.
brimbalement, R. v. 7, brim-
ballement
110. brimbaler, R. ii. 13.
brin, R. iii. 18.
broc, R. iii. 23.
bronze, R. v. 37.
brûlable, R. iii. 22.
brusque, R. v. 28, brusq.
brusquement, R. iii. 43.
brusquet, R. iv. 40.
bupreste, R. iv. 64.
cabale, R. iii. 15.
120. cabaliste, R. i. 8.
cabalistique, R. iii. 15, ca-
ballistique.
cadavéreux, R. iii. 48.
cadre, R. Sc., quadre.
cagoule, R. iv. 2, cagoulle.
caillebotte, R. iii. 51, caille-
bote.
calame, R. Ep. du Lim.
calicule, R. iii. 8.
camard, R. i. 54.
camisade, R. iv. 32.
130. cannetille, R. i. 56, canetille.
cannibale, R. i. 56, canibale.
canonnerie, R. Sc.
capable, R. i. 20.
capilotade, R. iv. 59, cabi-
rotade.
capnomancie, R. iii. 25,
capnomantie.
caporal, R. iv. 64.
capsule, R. iv. 27.
capucin, R. iii. 23, capus-
sin.
caquesangue, R. ii. pr.
140. carnage, R. iii. 14.
carolus, R. i. 45 (non pas 25,
comme dans *Dict. gén.*).
cartilage, R. iv. 30.
casemate, R. iii. pr., chas-
mate.
cassine, R. ii. 32.

300. gatte, R. iv. 18, guatte.

gavache, R. iii. 28, gua-
vasche.

geleur, R. iii. 33.

genethliaque, R. iii. 37.

godelureau, R. iv. 65, guo-
delureau.

godiveau, R. iii. 18, guodi-
veau.

gondole, R. Sc.

gondolier, R. ii. 3o (non pas
20, comme dans *Dict.
gén.*).

gossampin, R. iii. 51, gos-
sampine.

goudronner, R. iii. pr., goil-
dronner.

310. goudronneur, R. ii. 3o, guoil-
dronneur.

grabeler, R. i. 20.

graisseur, R. ii. 3o, gresseur.

grenouillère, R. i. 5, gre-
noillère.

grignoter, R. ii. 6, grignot-
ter.

grimaud, R. ii. 8, grimaulx
(pl.).

grisonner, R. iii. 28.

guilledin, R. i. 12, guildin.

gumène, R. iv. 18.

gyromancie, R. iii. 25, gy-
romantie.

320. halbrené, R. ii. 13, halle-
brener.

halo, R. i. 19, halotz (pl.).

happe-lourde, R. ii. 11.

hâtereau, R. iv. 59, haste-
reaulx (pl.).

hatille, R. iii. 41, hastille.

héliotrope, R. iii. 5o.

hermaphrodite, R. v. 9.

héronneau, R. iv. 59.

hexagone, R. i. 53, exagone.

hibernal, R. Chr. ph., hy-
bernal.

33o. hippiatrie, R. i. 36.

horaire, R. ii. 6.

horrifique, R. i. titre.

hottée, R. iii. 22.

houle, R. iv. 20, houlle.

humecter, R. i. 5.

huppe 2, R. iv. 27.

hurluberlu, R. v. pr.

hyperbolique, R. iii. 38, hy-
perbolicque.

hyperdulie, R. iv. 52.

34o. hypogée, R. v. 36.

iambe, R. ii. 1, iambus.

ichneumon, R. iv. 44, ich-
neumone.

ichthyophagie, R. iii. 22.

imperméable, R. iii. 51.

imposteur, R. i. 45.

improviste, R. v. 20.

incaguer, R. iv. 52.

incarnat, R. ii. 19.

indigène, R. ii. 6.

35o. individuel, R. iii. pr., indi-
vidual.

indult, R. iii. 34.

industrieusement, R. iv. 62.

inerte, R. i. 18, inert.

infanticide 1, R. v. 2.

inférer, R. iii. 2.

inhiber, R. i. 5o.

inscription, R. i. 54.

instant 2, R. i. 5o.

instiller, R. iii. 51.

36o. intègre, R. Ep. du Lim.

intempéramment, R. iii. 31.

intempéré, R. i. 24.

intempérie, R. i. 24.

intimidation, R. iv. déd.

intrant, R. ii. 18.

iota, R. iv. ép. au Card.

isthme, R. iv. 3o.

jabot, R. iii. 18.

jaquemart, R. i. 2, jacque-
mart.

37o. jovial, R. iii. 38.

lambdoïde, R. i. 27.

lamie, R. iii. 24.

lampyre, R. v. 32, lampy-
ride.

lancinant, R. iii. 32.

lares, R. ii. 6.

parer 2, R. ii. 29.
parque, R. iv. 18, parce.
passementer, R. iii. 2.
pâtir, R. iii. 23.
patriotique, R. ii. 6.
patte-pelu, R. iv. pr. 1, pate
    pelu.
pavesade, R. Sc.
460. pédale, R. iv. 13.
pédané, R. iv. 16.
peignoir, R. i. 13, pei-
    gnouoir.
pélican, R. ii. 16, pellican.
pénaillon, R. iv. 24.
pénurie, R. ii. 6.
pérégrinité, R. iv. 12.
peton, R. ii. 3.
phénicoptère, R. i. 37, phoe-
    nicoptere.
philologue, R. i. pr., philo-
    loge.
470. piffre, R. iv. 36, pifre.
pimpant, R. iv. 10.
piocheur, R. i. 1.
pissotière, R. i. 5.
piston, R. iv. 41.
pivert, R. iv. 62, pivars (pl.).
planer 2, R. ii. pr.
plastron, R. iii. pr.
pleurard, R. iv. 21, plourart.
plèvre, R. iv. 30.
480. poltron, R. iv. 59, poiltron.
porte-balle, R. i. 9.
pouliot 1, R. iii. 49.
prégnante, R. Sc.
prélasser, R. ii. 24.
prélude, R. i. pr.
proboscide, R. v. 30.
prolepse, R. v. 20, prolepsie.
prolifique, R. iii. 31, proli-
    ficque.
prophylactique, R. iii. 29,
    prophylactice.
490. prosopopée, R. iii. pr.
prototype, R. iv. 25.
pulvérin, R. iv. 62.
pygmée, R. ii. 27.
quaderne, R. v. 10.

quadrat, R. Pant. pr.
quinaire, R. iii. 20.
quinaud, R. ii. 19.
quinconce, R. i. 55, quin-
    cunce.
quiproquo, R. iii. 23.
500. quitus, R. v. 18, quittus.
rabouillère, R. i. 5, raboul-
    liere.
rambade, R. iii. 52.
ramberge, R. iv. 1.
raquette, R. i. 8.
ratiocination, R. iii. 31.
ratiociner, R. iii. 4.
ratisser, R. ii. 12.
ravelin 2, R. iii. pr.
rebéquer, R. ii. 12, rebec-
    quer.
510. réfractaire, R. iii. 18, re-
    fraictaire.
refroidissement, R. iii. 31.
régale 2, R. iv. 31, regualle.
rémore, R. v. 30.
remorquer, R. iv. 21, re-
    molquer.
rhagade, R. iv. 52, rhagadie.
rimailler, R. v. 47, rith-
    mailler.
riverain, R. Pant. pr., rive-
    ran.
rogneur, R. v. 11, rongneur.
ronfleur, R. iv. 43.
520. sabouler, R. iii. 25.
saccade, R. i. 14.
saccader, R. ii. 17.
saccager, R. iv. 67.
salmigondis, R. iv. 59, sal-
    miguondins.
sanglade, R. iii. pr.
santonine, R. iii. 50, santo-
    nique.
sarcasme, R. iv. 2° pr.
saucisson, R. iv. 59, saul-
    cisson.
saumoneau, R. iv. 60, saul-
    monneau.
530. savant, R. ii. 2.
sbire, R. iii. 20.

scoliaste, **R.** iv. 49, scho-
liaste.
scripteur, **R.** iii. 18.
séculaire, **R.** Sc., seculare.
sentinelle, **R.** iii. pr.
sesame, **R.** iii. 25, sisame.
sidéral, **R.** i. 10, syderal.
sinapiser, **R.** ii. pr., sinapi-
zer.
siroco, **R.** iv. 22, siroch.
540. songerie, **R.** iii. 14.
soutane, **R.** Sc., sottane.
spadassin, **R.** i. 33.
sphaceler, **R.** i. 27.
sphincter, **R.** iv. 67.
spiral, **R.** i. 8.
strapontin, **R.** iv. 63, transpontin.
strié, **R.** i. 8.
stryge, **R.** v. 30.
stupide, **R.** iv. 12.
550. sublunaire, **R.** iv. 1er pr.
succès, **R.** iv. 2.
surgir, **R.** iv. 36, surger.
surnuméraire, **R.** v. pr., su-
pernumeraire.
symbole, **R.** iv. 33.
symbolique, **R.** v. 20.
symboliser, **R.** i. 10.
sympathie, **R.** i. 56.
symptome, **R.** iv. 63, symptomate.
taillade, **R.** ii. 29.
560. taillon, **R.** iv. 51.
talocher, **R.** iii. 6.
talonnière, **R.** iv. 2º pr.
taluer, **R.** ii. 15.
taquin, **R.** ii. 30, tacquin.
tarentule, **R.** iv. 64, taren-
tole.
tarot, **R.** i. 22, tarau.
taupin, **R.** i. 35, taulpin.
ténébrion, **R.** iii. 24.
tentative, **R.** iii. 11.
570. théorème, **R.** iii 14, teoreme.

thérapeutique, **R.** iii. 29,
therapeutice.
thyade, **R.** iii. 32.
tintamarre, **R.** ii. 12.
tire-larigot, **R.** i. 8.
titubation, **R.** iv. 65.
tmèse, **R.** v. 29, tmesis.
tohu bohu, **R.** iv. 17, Thohu
et Bohu.
torchonner, **R.** v. 7.
torcol, **R.** i. 54, torcoulx
(pl.).
580. torticolis, **R.** ii. 30, torty
colly.
touselle, **R.** iv. 45, touzelle.
tragique, **R.** iii. 26, tra-
gicque.
translucidité, **R.** Chr. Ph.
traquenard, **R.** i. 12.
trinquer, **R.** iv. 15.
trivial, **R.** Sc.
tropique, **R.** iii. 51, tro-
picque.
tropologique, **R.** iii. 38, tro-
pologicque.
trottiner, **R.** iv. pr., troti-
gner.
590. trouble-fête, **R.** i. 40, trou-
ble-feste.
tuf, **R.** ii. 29, tuffe.
turbiné, **R.** v. 43.
tutélaire, **R.** iv. 42, tutel-
laire.
ventriloque, **R.** iv. 58.
ventripotent, **R.** iv. 59.
vérolé, **R.** i. pr.
vétusté, **R.** i. 56.
violon, **R.** v. 13.
vivifique, **R.** iii. pr., vivi-
ficque.
600. vocable, **R.** v. 45.
volter, **R.** iii. 51.
voltiger, **R.** i. 23.
voltigeur, **R.** i. 23.
zoophyte, **R.** iii. 8.

Pour 59 mots sur les 604 qu'on vient de lire, le *Diction-*

naire général n'est pas remonté au plus ancien exemple que nous fournit Rabelais lui-même ; nous dressons donc ci-dessous une liste (B) de ces 59 mots avec indication à l'appui des passages à comparer.

LISTE B.

	EXEMPLE CITÉ PAR LE DICTIONNAIRE GÉNÉRAL.	EXEMPLE PLUS ANCIEN.
1. amphithéâtre,	R. Lettres.	R. ii. 5.
angarie,	R. iv. 51,	R. iii. 1.
asbeste,	R. iii. 52,	R. i. 5, asbestos.
aspect,	R. iii. 44,	R. i. 23.
badin,	R. iii. 37,	R. ii. 7, badinatorium.
baliste,	R. iv. 61,	R. iii. pr.
bécarre,	R. iii. 38,	R. ii. 7.
bémol,	R. iii. 38,	R. ii. 7.
boursouflé,	R. iii. 38,	R. i. 54.
10. boussole,	R. v. 17,	R. i. 23.
brandi,	R. iv. 17,	R. iii. 26.
bronze,	R. v. 37,	R. iii. 27, i., 1.
brusque,	R. v. 28,	R. ii. 29.
brusquement,	R. iii. 43,	R. i. 27.
cabale,	R. iii. 15,	R. ii. 18.
cabalistique,	R. iii. 15,	R. ii. 12, cabbalistique.
cagoule,	R. iv. 2,	R. i. 40.
caillebote,	R. iii. 51,	R. ii. 13.
capilotade,	R. iv. 59,	R. i. 21.
20. capsule,	R. iv. 27,	R. ii. 14.
célèbre,	R. iii. 38,	R. ii. 6.
compartiment,	R. Sc.,	R. iii. pr.
contracte,	R. iii. 51,	R. ii. 19.
contrescarpe,	R. Sc.,	R. iii. pr.
dauber,	R. iv. 15,	R. iii. 40.
dégraisseur,	R. iv. 48,	R. ii. 30.
dive,	R. v. 44,	R. iii. 8.
écorche-cul (à),	R. iv. 13,	R. ii. 29.
évirer,	R. iv. 23,	R. iii. 28.
30. fanfare,	R. iv. 39,	R. ii. 7.
faquin,	R. iii. 37,	R. i. 2.
farfadet,	R. iii. 11,	R. ii. 7.
fat,	R. v. pr.,	R. i. 21.

foisonnant,	R. v. 23,	R. iii. 4.
frison 2,	R. iv. 22,	R. i. 12, phryzon.
gare 1,	R. iv. 33,	R. i. 27.
improviste,	R. v. 20,	R. iii. 23.
inférer,	R. iii. 2,	R. ii. 2.
maléficié,	R. iii. 28,	R. i. 52.
40. messer,	R. iv. 67,	R. iii. 19.
métamorphose,	R. Br. D.,	R. iii. 14.
monacal,	R. iii. 28,	R. i. 27.
morion,	R. iv. 29,	R. iii. pr.
mourre,	R. iv. 14,	R. i. 22.
opter,	R. iv. pr.,	R. iii. 1.
orangé,	R. v. 24,	R. i. 56.
parallèle,	R. iv. 1,	R. ii. 18.
parque,	R. iv. 18,	R. iii. 10.
pâtir,	R. iii. 23,	R. i. 10.
patte-pelu,	R. iv. pr. 1,	R. ii. 7, patepelutarum.
50. pédané,	R. iv. 16,	R. iii. 42.
pérégrinité,	R. iv. 12 (?),	R. iii. 47.
piston,	R. iv. 41,	R. i. 22.
scripteur,	R. iii. 18,	R. ii. 7.
stupide,	R. iv. 12,	R. i. 31.
symbole,	R. iv. 33,	R. i. 10.
trinquer,	R. iv. 15,	R. ii. 28.
tropique,	R. iii. 51,	R. ii. 2.
59. violon,	R. v. 13,	R. iii. 46.

Il s'agit maintenant de démontrer que pour un nombre considérable des vocables de la langue actuelle dont se sert Rabelais, le *Dictionnaire général* donne comme premier exemple un texte postérieur à cet auteur. On en trouvera la preuve dans la longue liste de 470 mots que nous avons dressée (C).

Liste C.

1. abhorrer, 1539, R. Est., abhorrir ou abhorrer; 1532-5, R. i. 40, abhorrir.
    acariâtre, 1541, Calvin, *Instit. chr.*; 1532-5, R. i. 2.
    accolade, av. 1561, O. de Magny, *Odes*; 1552, R. iv. 10.
    acromion, av. 1590, Paré, vi. 19; 1532-5, R. i. 43.
    adiante, av. 1590, Paré, dans Littré, adianthe; 1552, R. iv. 24, adiantos; 1546, R. iii. 50, adiantum.
    agate, 1539, R. Est., agathe; 1532-5, R. i. 56, agathe.

ajuster, XVI, adjuster, voy. Du Cange, adjoustare; 1532-5, R. i. 23, adjuster.

alberge, 1564, J. Thierry, *Dict. franç-.lat.;* 1546, R. iii. 8.

alchimiste, 1558, Bon. des Pér., *Nouv.,* 12; 1532-5, R. i. 24, alchymiste.

10. alcyon, av. 1577, R. Belleau, ii. 343; 1564, R. v. 6, alcyone.

algèbre, 1554, J. Peletier, *Algèbre,* titre; 1546, R. iii. 26, algebra.

alidade, XVI, Chauvet, *Prat. de géométrie;* 1546, R. iii. 26, alidada.

almicantarat, 1552, Jacquinot, *Astrolabe,* 12 b, almicantarath; 1546, R. iii. 38, almicantarath.

aluner, 1690, Furetière; 1532-5, R. ii. 11.

alysson, 1566, Du Pinet, *Dioscoride,* alysson; 1546, R. iii. 50, alyssum.

ambulant, 1680, Richelet; 1558, R. Ep. du Lim.

amphibie, 1571, Thevet, *Cosm. univ.,* amphibie; av. 1570, Grevin, dans *Delb. Rec.,* amphivie; 1565, R. Chr. ph., amphibie.

amphibologie, av. 1564, Calvin, *Comment. de l'harm. ev.;* 1546, R. iii. 19.

amure, 1687, Desroches, dans Jal, amure; 1643, Fournier, dans Jal, amule; 1552, R. iv. 20, amure. Est-ce le verbe?

20. amygdale, av. 1590, Paré, i. 17; 1552, R. iv. 30.

angine, 1549, Tagault, *Instit. chir.,* 61; 1546, R. iii. 51.

annales, 1549, R. Est.; 1532-5, R. ii. 1.

antériorité, 1690, Furetière; 1565, R. Chr. ph.

antipéristase, av. 1590, Paré, Introd., 5; 1565, R. Chr. ph., antiperistasie.

antithèse, 1583, F. Bretin, trad. de Lucien; 1564, R. v. 19.

apanager, av. 1615, Pasq., *Rech.,* iv. 20; 1532-5, R. ii. 12, appainaiger.

apparat, XVI-XVII, d'Aub., *Hist. univ.;* 1532-5, R. i. 12.

arithmétique, 1539, R. Est.; 1532-5, R. i. 23.

ascite, av. 1590, Paré, vi. 11, ascites; 1564, R. v. 20 (au sens d'individu atteint d'hydropisie).

30. astragale, av. 1590, Paré, iv 36; 1552, R. iv. 7.

astronomique, Jacquinot, *Astrolabe,* 61; 1532-5, R. i. 23.

athlète, 1554, J. de Maumont, dans *Delb. Rec.;* R. iii. 31.

attaquer, 1578, H. Est., *Nouv. lang. fr.-ital.;* 1549, R. Sc.

auricule, XIX; 1558, R. Ep. du Lim. (= petite oreille).

avare, 1549, R. Est.; 1546, R. iii. 10.

azimut, Jacquinot, *Astrolabe,* 15; 1546, R. iii. 38.

bafouer, XVI, Montaigne, ii. 12; 1532-5, R. i. 43.

bague, 1539, R. Est.; 1532-5, R. ii. 21.

bailleur, 1539, R. Est.; 1532-5, R. i. 24.

40. balane, XIX; 1611, Cotg., sens de gland; 1546, R. iii. 2.

baptistaire (adj.), 1611, Cotg.; 1564, R. v. 28 (papier) baptistère.

baratter, 1583, Bretonnayau, dans *Delb. Rec.;* 1546, R. iii. pr.

barbe (cheval) 2, xvi-xvii, d'Aub., *Foeneste,* iv. 1; 1532-5, R. i. 23.

baryton, 1835, Acad.; 1532-5, R. i. 7, barytoner (verbe).

baudet, 1547, texte dans God. Suppl.; 1532-5, R. i. 20.

bavard, 1539, R. Est.; 1532-5, R. ii. 12.

bergamasque, XIX; 1546, R. iii. 36.

bergamote, 1611, Cotg., bergamotte; 1546, R. iii. 13, berguamotte.

berner, 1564, J. Thierry, *Dict. fr.-lat.;* 1532-5, R. i. 2.

50. bienséance, 1539, R. Est.; 1532-5, R. i. 29.

bigarré, av. 1590, Paré, xxii. 4; 1546, R. iii. pr., biguarré.

biset, XVI, Du Pinet, dans God., Suppl., bizet; 1552, R. iv. 24, bizet.

bistouriser, 1694, Gherardi, Th. ital.; 1546, R. iii. pr., bistorier.

blanque, XVI, Montaiglon, *Anc. poés. fr.*, iii. 274; 1532-5, R. i. 22.

blasphémer, av. 1563, La Boétie, *Œuvres,* p. 447; 1546, R. iii.

bolide, 1878, Acad.; 1552, R. iv. 20, au sens de *sonde.*

bonase, XIX; 1551, R. iv. 67.

borne, 1539, R. Est.; 1532-5, R. i. 21, bourne.

boucaner 1, 1578, J. de Léry, dans *Delb. Matér.;* 1546, R. iii. 28.

60. bouffonner, av. 1560, Du Bellay, *Regrets,* 112; 1549, R. Sc.

bouquin 4, 1611, Cotg.; 1532-5, R. i. 22, jouer à la bousquine.

bourrasque, av. 1577, R. Belleau, ii. 252; 1552, R. iv. 18.

bourrée 2, 1642, Oudin, bourée; 1532-5, R. i. 22, bourrée.

boursiller, 1611, Cotg.; 1552, R. iv. 20.

braquer, 1564, J. Thierry, *Dict. fr.-lat.;* 1546, R. iii. pr., bracquer.

brase, XIX; 1546, R. iii. 25, braze, sens de *braise.*

bravement, 1539; 1532-5, R. ii. 13.

bressin, 1606, Nicot., bresin; 1552, R. iv. 20, bressiner (= haler sur le bressin), présuppose *bressin.*

brièvement, 1539, R. Est.; 1532-5, R. i. 23, briefvement.

70. brinde, XVI, Thevet; 1578, H. Est.; 1552, R. iv. 1.

brodure, XVII, Bayle; 1532-5, R. i. 8.

buffeter 1, 1558, Bon. des Pér., *Nouv.,* 1; 1546, R. iii. 52.

bulletin, av. 1549, Marg. de N., *Hept.;* 1532-5, R. ii. 32.

bursal, 1593-4, Sat. Men.; 1546, R. iii. 40.

buste 1, 1549, R. Est.; 1546, R. iii. 38, bust.

buvant, XVII, La Font.; 1532-5, R. i. 5, beuvant.

buvette, 1539, R. Est.; 1532-5, R. i. 5.

cabane, 1549, R. Est.; 1532-5, R. ii. 33.

cabosser, XIX; 1546, R. iii. pr.

80. cabre, 1611, Cotg.; 1532-5, R. i. 6.

cadavre, 1564, J. Thierry, *Dict. fr.-lat.,* cadaver; 1532-5, R. i. 30, cadavre.

cadene, 1564, J. Thierry, *Dict. fr.-lat.;* 1546, R. iii. 25, cathene.

cagot, 1549, R. Est.; 1532-5, R. i. 54.

calige, XIX; 1546, R. iii. pr.

campanelle, XVI, Du Pinet, dans *Delb. Rec.;* 1552, R. iv. 12.

candide, 1549, J. du Bellay, *Def. et illustr.;* 1532-5, R. i. 10.

caparaçonner, XVI, D. Florès de Grèce; 1546, R. iii. pr.

carbonnade, 1539, R. Est.; 1532-5, R. i. 21.

cartel, XVI, Carloix ; 1552, R. iv. 32.

90. cartier, XVI, Et. de Médicis; 1553, R. Pant. pr. (éd. M.-L., iii. 243).

casserole, 1583, Inv. d'A. de Nicolay, dans God.; 1532-5, R. ii. 11, quacquerolle.

caudex, XIX; 1546, R. iii. 49, caudice.

cédant, 1740; 1546, R. iii. 33, cédent.

cercopithèque, XVI-XVII, Montlyard, dans *Delb. Rec.;* 1564, R. v. 29.

chacunière, XVI, Bon. des Pér., dans *Delb. Rec,;* 1532-5, R. ii. 14.

chamailler, 1549, R. Est.; 1546, R. iii. pr.

chapoter, 1611, Cotg.; 1546, R. iii. pr.

chevau-léger, 1579, Ordonn. de Blois, cheval léger; 1532-5, R. i. 23, cheval legier.

chinfreneau, av. 1590, Paré, iii. 693; R. v. (éd. M.-L., iii. 220).

100. chorée, 1878, Acad.; 1558, R. Ep. du Lim., sens de *danse.*

chouart, 1783; 1532-5, R. ii. 21, comme nom propre.

chute, 1539, R. Est., cheute: 1532-5, R. i. 23, cheute.

clemence, 1549, R. Est.; 1532-5, R. i. 23.

cloche-pied, 1548, texte, dans God.; 1532-5, R. i. 23.

cocasse (adj.), 1771, Trévoux; 1552; R. iv. 17, comme substantif.

coche 4, av. 1585, Ronsard; 1552, R. iv. 38.

codex, 1835 (Ex. de codice, 1623); 1532-5, R. ii. 6, codice (sens diff.).

colocasie, 1611, Cotg., colocasie ; xvie s., J. Chemeau, colocasse; 1552, R. iv. 52, colocasie.

commode, 1549, R. Est.; 1532-5, R. i. 20.

110. conche, 1762, Acad.; 1564, R. v. 30.

conjecturalement, xvi° s., Montaigne; 1546, R. iii. 44.

continûment, 1555, de la Bouthière, dans *Delb. Rec.;* 1532-5, R. i. 21.

contre-mine, 1549, R. Est.; 1546, R. iii. pr.

convier, 1539, R. Est.; 1532-5, R. i. 2.

copiste, 1539, R. Est.; 1532-5, R. ii. 7.

cordelière, XVI, *Journal d'un bourgeois de Paris ;* 1532-5, R. i. 56.

corinthien, XVI, Mont. i. 51; 1564, R. v. 36, corinthian.

corneter, XVI, Mont., ii. 37; 1546, R. iii. 28.

correct, av. 1544, Marot, *Épigr.,* 114; 1532-5, R. ii. 8.

120. corybantique, 1752, Trévoux; 1564, R. v. 1.

court-bâton, 1611, Cotg., court-baston; 1532-5, R. i. 22, jouer au court-baston.

cravan, 1555, P. Belon, cravant; 1532-5, R. i. 37, cravans (pl.).

croqueur, XVII, La Font., *Fables,* v. 5; 1564, R. pr. du Quart Livre.

croquignole, 1642, Oudin, chiquenaude; 1532-5, R. i. 22, jouer aux crocquinolles; 1585, Acad., pâtisserie; 1564, R. v. 33, croquignolle.

croyable, 1532-5, R. i. 31.

curie, 1611, Cotg.; 1558, R. Ep. du Lim., éd. M.-L., iii. 276.

daphné, 1796, Encycl. Meth.; 1546, R. iii. 50.

dataire, 1611, Cotg.; 1532-5, R. ii. 7.

débaptiser, XVII, Théophile, ii. 158; 1564, R. v. 21.

130. déboutonner, 1564, J. Thierry, *Dict. fr.-lat.*, desboutonner; 1532-5, R. ii. 20, deboutonner.

décadent, XIX, ex. de *decadant*, dans Brantôme, IX, 458; 1546, R. iii. 28.

déceler, 1549, R. Est.; 1532-5, R. i. 12.

déchiqueture, 1578, J. de Léry, dans *Delb. Matér.*; 1532-5, R. i. 8.

décimer, 1559, Amyot, *Ant.*, 56; 1546, R. iii. 48.

découler, 1539, R. Est.; 1532-5, R. i. 53.

dégourdissement, 1642, Oudin, desg...; 1552, R. iv. 49, desg...

déjection, av. 1590, Paré, XX, 23; 1552, R. iv. 67.

demi-dieu, 1539, R. Est.; 1532-5, R. i. 13, semi-dieu.

dépenaillé, 1611, Cotg.; 1546, R. iii. 28.

140. déposant, 1690, Furetière; 1532-5, R. i. 19.

déraisonner, 1740, Acad.; 1552, R. iv. pr.

dérayer, XIX; 1532-5, R. i. 27, desrayer, dévoyer.

désordre, 1539, R. Est.; 1532-5, R. i. 44.

dextrement, 1549, R. Est.; 1532-5, R. i. 14.

diantre, XVI, Bon. des Pér., *Nouv.*, 29; 1532-5, R. i. 12.

docte, 1549, R. Est.; 1532-5, R. i. 57.

dompteur, XVII, Chapelain; 1532-5, R. i. 2.

échauboulé, 1549, R. Est., eschaubouillé; 1546, R. iii. 28, eschaubouillé.

écosseur, 1560, Viret, dans *Delb. Rec.*; 1532-5, R. ii. 30, esgousseur.

150. éculer 2, 1564, J. Thierry, *Dict. fr.-lat.*; 1532-5, R. ii. 11.

effiler, 1554, Lecaron, *Poésies*, 70; 1546, R. iii. 39.

égratigneur, XVI, Vauq. de la Fresn., dans *Delb. Rec.*, esgratigneur; 1552, R. iv. 47, esgratineur.

embouchoir, XVI, Bon. des Pér., *Nouv.*, 25; 1532-5, R. ii. 7, ambouchouer.

émotion, 1539, R. Est., esmotion; 1532-5, R. i. 57, esmotion.

empaler, 1553, P. Belon, *Singularitez*, etc., ii. 201; 1532-5, R. i. 27.

empiéter, av. 1585, Ronsard, iv. 76; 1546, R. iii. 38.

encyclopédique, 1762, Acad.; 1565, R. Chr. ph., enciclopedique (voy. éd. M.-L., iii. 283).

endêvé, 1549, R. Est., endesvé; 1546, R. iii. 26, endesvé.

enfileur, 1642, Oudin; 1532-5, R. ii. 30.

160. enthousiasme, 1573, P. de Thyard, *Œuvres*, éd. 1573, p. 9, enthusiasme; 1546, R. iii. pr. enthusiasme.

envi 2, 1559, Amyot, *Lyc.*, 26; 1532-5, R. i. 3.

épilepsie, 1549, J. Meignan, *Hist. des plantes*, dans *Delb. Rec.;* 1546, R. iii. 32.

éplucheur, XVI, Du Pinet, dans *Delb. Rec.;* 1564, R. v. 27.

épointer, 1564, J. Thierry, *Dict. fr.-lat.;* 1552, R. iv. pr.

équilibrer, 1611, Cotg.; 1552, R. iv. 63, aequilibrer.

équitable, 1552, G. Guéroult, dans *Delb. Rec.;* 1532-5, R. i. 50.

escarcelle, 1566, H. Est., Apol. pr. Hér., ii. 230; 1552, R. iv. 6.

escarpe, 1553, Le Plessis, *Ethiques d'Arist.;* 1549, R. Sc., éd. M.-L., iii. 409.

escarpin, 1564, J. Thierry, *Dict. fr.-lat.*, 1546, R. iii. 51.

170. escrimer, 1587, La Noue, *Disc.;* 1532-5, R. i. 23.

espade, 1747, Duhamel du Monceau; 1546, R. iii. 42, au sens d'*épée.*

estafier, XVII, d'Aub. *Foeneste*, estaffier; 1578, H. Est., *Nouv. lang. fr.-ital.*, staffier; 1552, R. iv. 23, estaffier.

estafilade, XVI, J. Maugin, dans God. (sans doute Le Parangon de Vertu, Lyon, 1556); 1552, R. iv. 17, estafillade.

étriper, XVI, N. du Fail, dans *Delb. Rec.*, estripper; 1532-5, R. i. 43, estriper.

exclusif, 1541, Calv., *Instit. chr.;* 1532-5, R. ii. pr.

excrément, av. 1590, Paré, Introd., 4; 1532-5, R. i. 23.

excrétion, XVI, J. Canappe, dans *Delb. Rec.;* 1532-5, R. i. 23.

exhilarant, XVII, Molière, *Pourc.;* 1558, R. Ep. du Lim., éd. M.-L., iii. 276.

exténuer, 1544, *Rec. de vraie poés. fr.;* 1532-5, R. i. 24, exténuant (adj.).

180. extrêmement, 1549, R. Est.; 1532-5, R. i. 50.

fâcherie, 1539, R. Est., fascherie; 1532-5, R. i. 6, fascherie.

fadement, 1611, Cotg.; 1548, R. pr. du Quart Livre, éd. M.-L., iii. 191-2.

fafelu, XVI, Anc. th. fr., ii. 73; 1546, R. iii. 28, farfelu.

falourde, 1564, J. Thierry, *Dict. fr.-lat.;* 1549, R. Sc., éd. M.-L., iii. 395.

fécal, 1545, G. Guéroult, dans *Delb. Rec.;* 1532-5, R. i. 4.

fémur, 1586, J. Guillemeau, *Tables Anat.;* 1558, R. Ep. du Lim., éd. M.-L., iii. 278, fémore.

festin, 1549, R. Est.; 1532-5, R. i. 51.

fidèle, 1539, R. Est.; 1532-5, R. i. 10.

fixement, XVI, Mont., i. 2; 1564, R. v. 40, éd. M.-L., iii. 153.

190. flasque, 1611, Cotg., flaque; 1546, R. iii. 28, flacque.

florule, XIX; 1564, R. v. 20, une sorte de danse.

forgeron, 1539, R. Est.; 1532-5, R. ii. 29.

fortuit, 1549, R. Est., 1532-5, R. i. 52.

fouquet, 1776, Sonnerat, *Voyage à la Nouvelle-Guinée*, p. 125, au sens d'*hirondelle;* 1532-5, R. i. 22, jouer au foucquet.

fripon, XVI, Anc. th. fr., i. 183; 1532-5, R. ii. 7, fripponatorem.

frisure, 1539, G. Corrozet, Blas. domest., dans *Delb. Rec.*, frizure; 1532-5, R. i. 66, frizure.

frugal, 1611, Cotg.; 1532-5, R. i. 23.

frustrer, 1539, R. Est.; 1532-5, R. i. 28.

fuyard, 1552, Ch. Est., dans *Delb. Rec.;* 1532-5, R. i. 39.

200. gabet, 1694. Th. Corneille; 1552, R. iv. 65, guabet.

galamment, 1611, Cotg., galemment; 1532-5, R. i. 5, gualentement.

garde-corps, 1690, Furetière; 1532-5, R. ii. 15.

gelinotte, av. 1544, Marot, *Épigr.*, 36; 1532-5, R. i. 37, gualinotte.

gémeau, av. 1590, Paré, XIX, 4; 1546, R. iii. 26.

gendarmerie, 1539, R. Est.; 1532-5, R. i. 47.

génial, XIX; 1546, R. iii. 38.

génie, 1611, Cotg.; 1532-5, R. ii. 6. Cf. génius, R. iii. 24.

géomancien, av. 1590, Paré, XIX, 31; 1532-5, R. ii. 22, géomantien.

gérer, 1611, Cotg.; 1558, R. Ep. du Lim., éd. M.-L., iii. 277.

210. grattelle, 1545, G. Guéroult, dans *Delb. Rec.*, gratelle; 1532-5, R. i. 31, le prince de Gratelles.

gribouillis, 1611, Cotg.; 1532-5, R. ii. 14, nom propre.

griffon 2, 1690, Furetière, 1564, R. v. 13, sens différent de l'actuel, mais même dérivation : griphon.

grincer, 1539, R. Est.; 1532-5, R. ii. 29.

gringalet, 1611; 1564, R. v. [33]. Cf. pour le sens.

gringuenaude, XVI, d'Aubigné; 1532-5, R. ii. 13.

grippement, 1611, Cotg.; 1546, R. iii. 21, gruppemens (pl.).

grole, 1762, Acad.; 1532-5, R. i. 22, jouer à la grolle.

guttural, 1578, J. de Léry, dans *Delb. Rec.;* 1532-5, R. ii. 13, guittural.

han! 1835, Acad.; 1552, R. iv. 6.

220. hasardeux, 1559, Amyot, *Pélop.*, 1; 1546, R. iii. 24, hazardeux.

hecticque, 1835, Acad.; 1546, R. iii. 28.

hercule, 1762, Acad.: 1546, R. iii. pr., juron, hercules.

hère, XVI, Bon. des Pér., *Nouv.*, 31; 1532-5, R. i. 2, hers.

hibou, 1539, R. Est.; 1532-5, R. i. 22, jouer au hibou.

ho, XVII, Molière, D. J.; 1532-5, R. i. 28.

homonymie, 1606, P. Mathieu, dans *Delb. Rec.;* 1532-5, R. i. 9.

hyacinthe, XVII, Saci; 1532-5, R. i. 21.

ictus, XIX, 1558, R. Ep. du Lim., éd. M.-L., iii. 275, icte.

importance, 1539, R. Est.; 1536. R. Lett., éd. M.-L., iii. 358.

230. importer, 1587, La Noue, *Disc.;* 1536, R. Lett., éd. M.-L., iii. 353.

imposture, 1549, R. Est.; 1532-5, R. i. 9.

incommode, 1549, R. Est.; 1532-5, R. i. 24.

incruster, XVI, Guill. du Choul.; 1546, R. iii. 2.

inculquer, 1549, R. Est.; 1532-5, R. ii. 6.

indication, av. 1590, Paré, Introd., 10; R. iv. 42.
inépuisable, 1564, J. Thierry, *Dict. fr.-lat.;* 1532-5, R. ii. 18, inespuisable.
inopiné, 1549, R. Est.; 1546, R. iii. 5.
inopinément, 1564, J. Thierry, *Dict. fr.-lat.;* 1549, R. Sc., éd. M.-L., iii. 396.
insipide, av. 1590, Paré, XX, 25; 1564, R. v. pr.
240. interpolation, 1611, Cotg.; 1546, R. iii. 42.
intimider, 1559, Amyot, *Caton d'Utiq.*, 35; 1546, R. iii. 27.
investiture, 1564, J. Thierry, *Dict. fr.-lat.;* 1536, R. Lett., éd. M.-L., iii. 345.
ischion, av. 1590, Paré, i. 8; 1532-5, R. i. 27, ischie.
jaseur, av. 1544, Marot, *Met. d'Ov.*, 2; 1532-5, R. i. 12.
jeûneur, 1611, Cotg.; 1546, R. iii. 13, jeusneur.
jugulaire, 1542, J. Canappe, dans *Delb. Rec.;* 1532-5, R. i. 44.
lichen, 1556, R. Le Blanc, dans *Delb. Rec.;* 1546, R. iii. 50.
liéger, XVI, Du Pinet, dans *Delb. Rec.;* 1546, R. iii. 28.
lime-sourd, XVII, Colletet; 1532-5, R. i. 25.
250. liron, 1762, Acad.; 1552, R. iv. 59.
livêche, 1762, Acad.; 1546, R. iii. 50.
lobe, XVI, Du Pinet, dans *Delb. Rec.*, lobbe; 1532-5, R. ii. 14, lobe.
lombard, 1762, Acad.; 1532-5, R. i. 13.
lourdaud, 1539, R. Est.; 1532-5, R. ii. 7, lourdaudus.
lucide, av. 1590, Paré, iii. 7; 1546, R. iii. 13.
luter, av. 1590, Paré, XXV, 12; 1532-5, R. ii. 12.
magister, 1694, Acad.; 1532-5, R. i. 20, magistre.
magnanime, 1549, R. Est.; 1532-5, R. i. 48, magnanimement, (adv.).
majordome, av. 1613, Regnier, *Sat.*, 10; 1552, R. iv, majour dome.
260. malappris, av. 1585, Ronsard, v. 364; 1564, R. v. 7, mal apprins.
malefaim, XVI, J. de Montlyard, dans *Delb. Rec.;* 1546, R. iii. 15.
mal en point, XVII, La Font.; 1546, R. iii. 17.
malepeur, XVII-XVIII, Saint-Simon; 1552, R. iv, 67.
malignement, 1549, R. Est.; 1532-5, R. i. 47.
malvoulu, XVII-XVIII, Saint-Simon; 1532-5, R. i. 31.
maritime, 1549, R. Est.; 1532-5, R. i. 33.
masque, 1539, R. Est.; 1532-5, R. ii. 19.
massacrer, 1564, J. Thierry, *Dict. fr.-lat.;* 1532-5, R. i. 2.
matérialité, 1690, Furetière; 1546, R. iii. 40.
270. matricule, XVI, Du Pinet, dans God.; 1532-5, R. ii. 14.
médiastin, 1546, Ch. Est.; 1532-5, R. i. 27.
médiocre, 1549, R. Est.; 1546, R. iii. pr.
méditerrané, XVI, Du Pinet, dans *Delb. Rec.;* 1532-5, R. i. 33.
méninge, 1541, J. Canappe, dans *Delb. Rec.;* 1532-5, R. i. 44.
mense, XVIII, Buffon; 1558, R. Ep. du Lim., éd. M.-L., iii. 276.

mentionner, 1564, J. Thierry, *Dict. fr.-lat.;* 1532-5, R. i. 20.

messie, 1587, Vigenère, dans *Delb. Rec.*, messihe; 1532-5, R. i. 1, le Messias.

métalepse, 1611, Cotg.; 1546, R. iii. 14, metalepsis.

météorique, 1636, J. Deneyrolles, dans *Delb. Rec.;* 1565, R. Chr. Ph., éd. M.-L., iii. 284, metheorique.

280. métif, 1611, Cotg., mestif; 1564, R. v. 5, metifs (pl.).

milliaire (adj.). 1740, Acad.; 1532-5, R. ii. 23 (subst.).

mire, XVI, Mont., i. 30; 1552, R. iv. 62.

miserere, 1546, Ch. Est.; 1546, R. iii. 23.

mitonner, 1642, Oudin; 1546, R. iii. pr.

modal, XVI, Champeynac, *Logique,* dans *Delb. Rec.;* 1546, R. iii. 38.

môle 2, av. 1590, Paré, XVIII, 41; 1546, R. iii. 51.

mollasse, 1559, Amyot, *Alcib.,* 2; 1552, R. iv. 9.

monnayeur, 1539, R. Est., monnoyeur; 1532-5, R. i. 24, monnoyeur.

mordicant, av. 1608, Vigenère; 1546, R. iii. 32.

290. morner, XVI, *Chr. Fr. Ier*, p. 305, Guiffrey; 1546, R. iii. 28.

mouchard, 1582, Montand, *Miroir des François,* mouschard; 1532-5, R. i. 22, jouer au mouchard.

muletier 1, 1539, R. Est.; 1532-5, R. i. 22.

myope, 1578, J. Papon, *Troisième Notaire,* p. 233; 1552, R. iv, 64.

myosotis, 1615, J. des Moulins, *Hist. des plantes,* ii. 206, myosota ou myosotis; 1546, R. iii. 50, myosota.

naffe, 1570, J. Liébault, dans *Delb. Rec.;* 1532-5, R. i. 55, naphe.

narrer, 1549, R. Est.; 1532-5, R. i. 39.

naturé, XVIII, Condillac; 1532-5, R. i. 52.

nitouche, av. 1589, Baïf; 1532-5, R. i. 27, sainte Nytouche.

nocher, av. 1560, J. du Bellay, nocher; 1546, R. iii. 48, nauchier.

300. oblong, 1611, Cotg.; 1546, R. iii. 49.

occurrence, 1574, Amyot, *Œuvres mor.;* 1552, R. iv. 3.

oculairement, XVI, Bon. des Pér., *Nouv.,* 127; 1532-5, R. ii. 11.

offensif, 1559, Amyot, *Alcib.,* 22; 1532-5, R. i. 7.

officiellement, 1790, Linguet; 1546, R. iii. 17, officialement.

officieux, 1546, R. iii. 38.

omoplate, 1546, Ch. Est.; 1532-5, R. i. 27.

onirocritie, 1752, Trévoux; 1546, R. iii. 13. Cf. onirocrite.

opale, av. 1577, R. Belleau; 1564, R. v. 40, opalle.

opime, 1762, Acad.; 1558, R. Ep. du Lim., éd. M.-L., iii. 276.

310. opisthographe, 1732, Trévoux; 1546, R. iii. pr.

orcanette, XVI, Du Pinet, dans *Delb. Rec.;* 1546, R. iii. 49.

ortolan, 1611, Cotg., hortolan; 1552, R. iv. 59, hortolan.

ostrogot, 1718, Acad.; 1532-5, R. i. 54.

ouais, 1611, Cotg., houay; 1552, R. iv. 67, houay.

oursin, 1611, Cotg.; 1552, R. iv. 60.

outardeau, 1557, P. Belon, ostardeau; 1552, R. iv. 29, otardeau.

paillardise, 1539, R. Est.; 1532-5, R.

palingénésie, 1556, Thevet, *Cosmog. de Levant;* 1546, R. iii. 18.

palle, 1718, Acad.: XVII, Bossuet; 1546, R. iii. pr.

320. palme 2, 1740, Acad.; 1564, R. v. 23.

panacée, av. 1585, Ronsard; 1546, R. iii. 50, panacea.

papyracé, 1722, *Hist. de l'Acad. des sc.;* 1558, R. Ep. du Lim., éd. M.-L., iii. 279.

paquet, 1539, R. Est.; 1532-5, R. ii. 7.

pardessus, 1878, Acad.; 1533, R. Alm., éd. M.-L., iii. 256, sens de surplus.

parfum, 1549, R. Est., 1532-5, R. ii. 15.

parfumer, 1549, R. Est.; 1532-5, R. i. 13.

passedix, XVI-XVII, d'Aubigné, *Foeneste;* 1532-5, R. i. 22.

passereau, 1539, R. Est.; 1532-5, R. i. 24.

patrie, 1539, J. Du Bellay; 1546, R. iii. 2.

330. pécore, 1542, P. de Changy, dans *Delb. Rec.;* 1532-5, R. ii. 17.

péniblement, 1653, Oudin; 1546, R. iii. 1.

pennage, 1559, Amyot, *Flamin.,* 42; 1546, R. iii. 21, pennaige.

pénurie, 1752, Trévoux; 1532-5, R. ii. 6, employé encore deux fois par Rabelais.

péricrane, 1541, J. Canappe, dans *Delb. Rec.;* 1532-5, R. i. 44.

périnée, 1546, Ch. Est.; 1532-5, R. i. 13.

perpendiculairement, 1542, Bovelles, *Géom.;* 1532-5, R. i.

péronnelle, XVII, Molière; 1564, R. v. [33], nom de danse.

perspectif, 1536, J. Bouchet; 1532-5, R. i. 10.

perversion, av. 1590, Paré, VII, 9; 1546, R. iii. 31.

340. pervertisseur, XVI, Du Pinet, dans *Delb. Rec.;* 1552, R. iv. 46.

peste, 1539, R. Est.; 1532-5, R. i. 27.

pestiféré, av. 1590, Paré, XXIII, 10; 1564, R. v. 18.

pétarade, av. 1544, Marot; 1532-5, R. i. 11.

pétard, 1585, G. Bouchet, *Serées,* pétart; 1532-5, R. i. 13, au sens de péteur.

péter, 1539, R. Est.; 1532-5, R. i. 11.

pétrifier, av. 1589, B. Palissy; 1552, R. iv. pr.

peuple 2, 1878, Acad.; 1532-5, R. ii. 1.

pharynx, av. 1590, Paré, IV, 14; 1532-5, R. ii. 32, pharingues.

phénomène, 1570, Gentian Hervé, dans *Delb. Rec.;* 1564, R. v. 47.

350. philosopher, XVI, Mont., I, 18; 1532-5, R. ii. 18.

philtre, 1568, J. Grevin; 1546, R. iii. 1.

piédestal, 1547, J. Martin, dans *Delb. Rec.;* 1546, R. iii. 38, pedestal.

pinastre, XVI, Du Pinet, dans *Delb. Rec.;* 1564, R. v. 25.

piquet 2, XVI, Chron. Bord., dans *Delb. Rec.;* 1532-5, R. i. 22, picquet.

plaidoyer, 1539, R. Est., plaidoyé ou plaidoyer; 1532-5, R. i. 24, playdoiez (pl.).

pluvieux, 1539, R. Est.; 1532-5, R. i. 24.

poêlon, 1611, Cotg.; 1532-5, R. ii. 4, paeslon.

poncire, 1570, Liébault, *Mais. rust.,* dans *Delb. Rec.,* poncille; 1546, R. iii. 50, poncire.

portique, 1564, J. Thierry, *Dict. fr.-lat.;* 1564, R. v. 1, porticque.

360. poupon, XVI-XVII, Fr. de Sales, dans *Delb. Rec.;* 1532-5, R. i. 6.

précieusement, 1539, R. Est., pretieusement; 1532-5, R.

précipitation, 1549, R. Est.; 1546, R. iii. 32, praecipitation.

prédicable, 1582, Incert. et Van. des Sc., dans *Delb. Rec.;* 1546, R. iii. 38.

présager, XVI, Mart. du Bellay; 1546, R. iii. 14, praesagir.

procès-verbal, 1611, Cotg.; 1546, R. iii. 44.

prohiber, 1549, R. Est.; 1546, R. iii. 33.

prurit, av. 1590, Paré, Introd., 17; 1552, R. iv. 49.

pudicité, 1574, Amyot, *Œuvres mor.;* 1532-5, R. i. 56.

pulvériser, av. 1590, Paré, Introd., 27; 1532-5, R. ii. 16.

370. pylore, av. 1590, Paré, XX, 23; 1552, R. iv. 30.

pythonisse, XVII, Saci; 1546, R. iii. 16, phitonisse.

questeur, 1539, E. de Laigue, dans *Delb. Rec.;* 1532-5, R. ii. 7.

râble, 1539, R. Est.; 1532-5, R. ii. 27.

rafraîchisseur, 1547, J. Martin, dans *Delb. Rec.;* 1546, R. iii. 33, refraischisseur.

ramasse, 1606, Nicot; 1532-5, R. ii. 7.

rame 2, 1539, R. Est.; 1532-5, R. ii. 30.

ramereau, av. 1585, Ronsard; 1552, R. iv. 59, ramerot.

rare, 1539, R. Est.; 1532-5, R. ii. 6.

rassette, 1561, Chirom. de Patrice Tricasse, ruscette; 1552, R. iv. 31, rasette.

380. ravier, XIX; 1564, R. v. 11, variante pour revers.

récemment, 1549, R. Est., recentement; 1549, R. Sc., recentement, éd. M.-L., iii. 393.

rechute, XVI, Bon. des Pér., *Nouv.,* 106, recheute; 1532-5, R. i. 22, à la recheute.

réciproquer, 1549, R. Est.; 1549, R. Sc., éd. M.-L., iii. 413.

redoubler, 1539, R. Est.; 1532-5, R. ii. 29.

remercier, 1539, R. Est.; 1532-5, R. i. 47.

repli, 1539, R. Est., replis; 1532-5, R. ii. 22.

représentant, 1694, Acad.; 1552, R. iv. 2.

restrictif, 1690, Furetière; 1532-5, R. i. 6, restrinctif.

retrograder, 1564, J. Thierry, *Dict. fr.-lat.;* 1546, R. iii. 28.

390. rêvasserie, XVI, Mont., II, 12; 1553, R. Pant. pr., éd. M.-L., iii. 239.

rêvasseur, 1736, Voltaire; 1532-5, R. ii. 7, ravasseur.

révérer, 1539, R. Est.; 1532-5, R. i. 58.

roturier, 1549, R. Est.; 1546, R. iii. 25.

rouche, 1762, Acad.; 1532-5, R. i. 40, rousche = ruche.

rugissement, 1539, R. Est.; 1532-5, R. i. 10.

sabine, 1566, Guill. du Choul., dans *Delb. Rec.;* 1546, R. iii. 50.

sacrosaint, XVI, Mont., I, 46; 1546, R. iii. 2.

safraner, 1549, R. Est.; 1546, R. iii. 23.

salive, 1718, Acad.; 1546, R. iii. 13.

400. salpétrier, av. 1590, Paré, VIII, 24, salpestrier; 1549, R. Sc., éd. M.-L., iii. 413, salpetrier.

salubre, 1552, Ch. Est., dans *Delb. Rec.;* 1532-5, R. ii. 31.

salubrité, 1552, Ch. Est., dans *Delb. Rec.;* 1546, R. iii. pr.

sansonnet, 1539, Marot; 1532-5, R. i. 7.

saturer, 1762, Acad.; 1558, R. Ep. du Lim., éd. M.-L., iii. 275.

satyrique, 1539, Amyot, Ant. 98; 1552, R. iv. pr.

scandaleux, 1538, Marot; 1532-5, R. i. 7.

scélérat, 1611, Cotg.; 1552, R. iv. 9.

sceptique, 1546, M. de Saint-Gelais, dans *Delb. Rec.;* 1546, R. iii. 36.

scintillant, XVIII, Beaumarchais, 1564, R. v. 19, scintilant.

410. séquence, 1694, Acad.; 1532-5, R. i. 22.

séraphique, 1585, N. du Fail, dans *Delb. Rec.;* 1552, R. iv. 51, seraphicque.

serfouette, XVI, O. de Serres, serfouete; 1532-5, R. i. 23.

serrement, 1539, R. Est.; 1532-5, R. ii. 18.

sexte, 1611, Cotg.; 1548, R. iv. 1er pr., éd. M.-L., iii. 188.

siphon, 1611, Cotg.; 1546, R. iii. 50, syphon.

spéculaire, 1556, R. Le Blanc, dans *Delb. Rec.;* 1552, R. iv. 1.

spinal, 1541, J. Canappe; 1532-5, R. i. 44.

stagnant, 1611, Cotg.; 1546, R. iii. 50.

subvenir, 1539, R. Est.; 1532-5, R. i. 40.

420. superfétation, av. 1590, Paré, XVIII, 6; 1532-5, R. i. 3.

superbement, 1559, Amyot, *Public.*, 18; 1546, R. iii. pr.

sursauter, 1611, Cotg.; 1532-5, R. i. 6.

syndiquer, XIX; 1546, R. iii. 26, syndicquer (sens diff. = critiquer).

tambourineur, XVI, Bon. des Pér., *Nouv.*, 40, tabourineur; 1532-5, R. i. 27, tabourineur.

tenace, av. 1590, Paré, XX, 27; 1546, R. iii. 1.

tenancier, XVI-XVII, d'Aub., *Foeneste;* 1546, R. iii. 33.

tergiverser, 1541, Calvin; 1532-5, R. ii. 11.

terminal, 1783, Bulliard; 1546, R. iii. 1, les Terminales.

tester, 1611, Cotg.; 1552, R. iv. 27.

430. teston, 1611, Cotg.; 1532-5, R. ii. 16.

thériaque, 1611, Cotg.; 1532-5, R. ii. 16, theriacle.

tibia, av. 1590, Paré, XI, 23; 1558, R. Ep. du Lim., éd. M.-L., iii. 277, tibie.

tintouin, av. 1544, Marot, *Enfer;* 1532-5, R. i. 2.

tousser, av. 1590, Paré, VIII, 30; 1532-5, R. i. 17, toussans.

tousseur, XVI, Mont. I, 20; 1532-5, R. i. 14, tousseux.

trachée-artère, av. 1590, Paré, VI, 6; 1532-5, R. ii. 19.

transparence, 1578, Belleforest, dans *Delb. Rec.;* 1552, R. iv. 18.

trémousser, 1549, R. Est.; 1532-5, R. ii. 32, tresmousser.

trente et un, XVI-XVII, d'Aub., *Foeneste*, 1532-5, R. i. 22.

440. tribord, 1606, Nicot, estribord; 1552, R. iv. 63, tribort.

tripoter, 1582, Nic. de Montand, dans *Delb. Rec.;* 1546, R. iii. pr.

trombe, 1718, Acad.; 1549, R. Sc., éd. M.-L., iii. 409.

truc, XVI-XVII, d'Aub., *Foeneste;* 1546, R. iii. 42.

turbine, 1870, Acad.; XVI; 1532-5, R. i. 19.

typhon, 1798, Acad.; 1552, R. iv. 18, typhones.

ut, 1762, Acad.; 1552, R. iv. 19.

utile, 1539, R. Est.; 1532-5, R. i. 23.

vade mecum, 1585, N. du Fail; 1532-5, R. ii. 28.

valide, 1585, N. du Fail; 1552, R. iv. 34.

450. vaurien, 1642, Oudin; 1532-5, R. i. 25, des rien ne vaulx.

vénéneux, 1552, Ch. Est., dans *Delb. Rec.;* 1552, R. iv. 63.

ventral, av. 1590, Paré, I, 22; 1564, R. v. pr.

ventricule, av. 1590, Paré, II, 12; 1532-5, R. i. 44.

ventru, 1552, Ch. Est., dans *Delb. Rec.;* 1552, R. iv. 59.

verdet, fin XVI, Louis Guyon, dans *Delb. Rec.;* 1532-5, R. ii. 30.

vermiforme, XVI-XVII, d'Aub.; 1532-5, R. ii. 13.

verse 1, 1642, Oudin; 1552, R. iv. 3, au sens d'*espèce de canon*.

vertebre, 1539, R. Est.; 1532-5, R. i. 44.

vertement, 1611, Cotg.; 1532-5, R. ii. 17.

460. vertubleu, XVI-XVII, d'Aub., *Foeneste,* vertubieu; 1532-5, R. i.
     39, vertus dieu.

veste, 1640, Oudin; 1532-5, R. ii. 6.

vigilant, XVI, Loy. Serviteur, vigillant; 1546, R. iii. 37.

vinage, XIX; 1552, R. iv. 1, sens de vins.

vivace, XVI, Mont. III, 13; 1546, R. iii. 2.

vivat, XVII, Scarron; 1552, R. iv. 53.

vole, 1642, Oudin; 1532-5, R. i. 22.

voltigeant (adj.), XVII, Descartes; 1564, R. v. 27.

voltigement, XVI, Du Pinet, dans *Delb. Rec.;* 1532-5, R. i. 35.

vote, 1798, Acad.; 1532-5, R. i. 45, au sens de *vœu*.

470. zibeline, 1611, Cotg., zibelline; 1532-5, R. i. 56, zibeline.

La table suivante permettra d'apprécier d'un seul coup d'œil les résultats obtenus jusqu'ici :

ŒUVRES DE RABELAIS.	DATE DE CHACUNE DE SES ŒUVRES.	NOMBRE DE MOTS QUI REMONTENT A RABELAIS SELON LE *Dict. gén.*, APRÈS CORRECTION SELON LA LISTE B.	NOMBRE DE MOTS A AJOUTER D'APRÈS NOTRE LISTE C.	TOTAL.
R. i. et ii.	1532-5	248	226	474
R. iii.	1546	161	119	280
R. Sc.	1549	16	9	25
R. iv.	1548-52	121	62	183
R. Alm., Lett., Pant. pr. et Por. Descl.		14	5	19
R. Ep. du Lim.	1558	2	13	15
R. v.	1562-4	40	32	72
R. Chr. ph.	1565	2	5	7
		604	471	1,075

On voit que 1,075 mots, consignés dans le *Dictionnaire général*, remontent jusqu'aux ouvrages publiés sous le nom de Rabelais dans la plupart des éditions.

Nous commencerons par soustraire des 1,075 les 94 mots de l'*Epistre du Lymosin*, du *Cinquiesme livre* et de *la Cresme philosophalle*, puisqu'il est possible que ces trois livres ne soient pas de notre auteur. Cependant, avant de passer outre, nous ajouterons la liste suivante (D) de 26 mots sur ces 94 qui sont antérieurs à la publication de ces trois textes douteux :

— 25 —

Liste D.

1. agrégatif (1564); av. 1320, B. de Gordon, dans God., VIII.
   antipéristase (1565); XV, Dampmartin, dans God., VIII, épelé *andiperistase*.
   antithèse (1564); av. 1564, Calvin, dans God., VIII.
   aphorisme (1564); XIV, Oresme, dans God., VIII, épelé *amphorisme*. On trouve *afforismes* dans le glossaire de Salins.
   ascite (1564), au sens d'individu atteint d'hydropisie; 1549, Tagault, *Inst. chir.*, dans God., VIII, épelé *ascites* et employé au sens de *hydropisie de l'abdomen*.
   catégorie (1564); XV, Dampmartin, dans God., IX, épelé *cathegorie*.
   contrepointer 1 (1564); 1482, Arch., dans God., II, épelé *coctepoincter*. N. B. Ex. de *coustepointerie* en 1352 (God., II).
   croche (1564); XV, Therence en fr., dans God., IX.
   débaptiser (1564); XV, Lefranc, *Champ. des dames,* dans God., IX, épelé *desbaptiser*.
10. fixement (1564); 1544, Scève, *Délie,* dans *Rev. des Ét. rab.,* III, 215.
   funambule (1564); J. d'Auton, *Chron.,* dans God., IX.
   gérer (1558); 1527, J. Bouchet, *Panég. de L. de la Trémoille,* éd. *Panth. litt.,* p. 727.
   hermaphrodite (1564); XIII, ex. dans God., IX, épelé *hermefrodis.*
   hibernal (1565); 1555, Louise Labé, *Debat de folie et d'amour,* dans God., IX.
   insipide (1564); av. 1549, J. de Gaigny, dans God., au sens de *fou, déraisonnable.*
   malappris (1564); 1482, *Vie et passion de saint Didier*, p. 440.
   météorique (1565); 1537, Act. des Ap., dans God., épelé *méthéoricque.*
   palme 2 (1564); 1415-6, Reg. des recettes de Boulogne-sur-Mer, dans God.
   pestiféré (1564); 1531, Inv. d'Avallon, dans God.
20. phénomène (1564); 1557, Ph. de Mesmes, *Instit. astron.,* dans God.
   portique (1564); 1547, J. Martin, *Arch. de Vitr.,* dans God.
   quitus (1564); 1421, Reg. consul. de Lyon, dans God., épelé *quictus.*
   rogneur (1564); 1536, Ed. de Fr. Ier, dans God.
   saturer (1558); XIV, Guill. de Deguilleville, dans God.
   torchonner (1564); av. 1452, A. Greban, *Passion,* 3781, au sens de *battre.*
26. vocable (1564); 1512, J. Le M., I, 12.

Après la soustraction des 94 mots de l'*Epistre de Lymosin*, du *Cinquiesme livre* et de *la Cresme philosophalle*, il
en reste 981 qui se trouvent dans les ouvrages reconnus
avec certitude comme étant de Rabelais. Ma dernière
liste (E) montre que 299 mots sur ces 981 sont antérieurs
à leur emploi par le grand satirique.

Liste E.

1. acariâtre (1532-5); av. 1491, J. Meschinot, *Lunettes des princes*,
   éd. Gourcuff, p. 119, épelé *aquariastre*.
   acclamation (1552); 1503, J. Le M., IV, 231.
   aconit (1546); 1512, J. Le M., I, 222, épelé *aconitum*.
   adscrit (1546); XV-XVI, Fossetier, dans God., vol. I, à *ascrire*,
   épelé *ascript*.
   acromancie (1546); XIV, G. de Deguilleville, dans God., VIII,
   ép. *aerimancie*.
   affener (1546); 1242, Arch. Meurthe, dans God., I, au sens de
   faucher l'herbe de (affener une terre = réduire l'herbe de
   cette terre à l'état de *foin*).
   agate (1532-5); 1416, Inv. de N.-D. de Paris, dans God., VIII,
   ép. *agathe*. La forme *acate* remonte au xiie siècle (Lapid. de
   Marbode).
   agriculture (1532-5); 1512, J. Le M., I, 23; 1343, Arch., dans God.,
   VIII.
   ajuster (1532-5); 1480, Compt. hôtel de ville de Tours, dans
   God., VIII, ép. *adjuster*; av. 1269, Est. Boileau, dans God.,
   VIII, ép. *adjouster*.
10. alchimiste (1532-5); XV, Lefranc, *Champ. des dames*, dans
    God., VIII; ép. *archemiste*.
    amateur (1532-5); 1527, J. Bouchet, *Panég. de L. de la Tré-
    moille*, éd. *Panth. litt.*, 764; 1504, J. Le M., IV, 65.
    amble (1532-5); av. 1452, A. Greban, *Passion*, 20460, dans God.,
    VIII.
    amphisbène (1552), XII; Jean de Thuin, dans God., I, ép. *ampi-
    sibene*.
    amphithéâtre (1536); 1512, J. Le M., I, 298. Voy. aussi God.,
    VIII.
    annales (1546); av. 1527, J. d'Auton, dans God., I, comme adjec-
    tif dans les expressions *annales hystoires, croniques annales;*
    v. 1180, Guill. de Saint-Pair, dans God., I, *En nos livres qui
    annals sont.*

antiphrase (1546); XIV, J. Le Fèvre, dans God., VIII, ép. *anti-phrasie*.

apanager (1532-5); 1407, *Ord.*, dans God., VIII, ép. *appanagier*.

appointeur (1546); XIV, Froissart, dans God., VIII.

aquilin (1532-5); 1512, J. Le M., I, 313; av. 1474, G. Chastellain, dans God., VIII.

20. architecture (1532-5); 1504, J. Le M., IV, 166; XV, ex. dans God., VIII, ép. *archesseture*.

architrave (1546); 1531, Arch., dans God., VIII, ép. *arquitrave*.

architriclin (1546); 1461, Villon, *Gr. Test.*, 1243, dans God., VIII, ép. *archetriclin*; XII, Raoul de Cambrai, dans God., VIII, ép. *arcedeclin*.

arithmétique (1532-5); 1515, Répertoire des ouvrages pédagogiques du xvi° s., p. 401; XII, *Rom. de Thèbes*, dans *Delb. Rec.*, selon le *Dict. gén.*, ép. *arimetique*.

artificiellement (1532-5); 1468, Olivier de la Marche, *Descr. des fêtes de 1468*, Dijon, 1877, p. 19, ép. *artificielment*; XIV, Oresme, dans God., VIII, ép. *artificialment*.

asbeste (1532-5); trad. de Marbode, dans God., VIII, ép. *abeste*.

ascendant (1552); 1521, Fabri, *Rhétor.*, dans God., VIII.

attenter (1532-5); 1495, Commines, éd. Dupont, III, 384 (pièces justif.), ép. *actempter*.

avaleur (1532-5); 1521, Reg. des consaux, Tournai, dans God., VIII; av. 1491, J. Meschinot, *Lunettes des princes*, éd. de Gourcuff, p. 72.

avare (1546); 1527, J. Bouchet, *Panég. de L. de la Trémoille*, éd. *Panth. litt.*, p. 780.

30. avenue (1549); 1468, Olivier de la Marche, *Descr. des fêtes de 1468*, Dijon, 1877, p. 7, au sens d'*événement*. — Voy. God., I et VIII, principalement diverses acceptations de ce mot, avec exemples antérieurs à Rabelais.

axonge (1532-5); av. 1320, B. de Gordon, dans God., VIII, ép. *axungie*.

badin (1532-5); 1478, Coquillard, éd. Héricault, II, 81.

bague (1532-5); 1504, Commines, éd. Dupont, III, 165 (pièces justif.); 1477, Coquillard, éd. Héricault, II, 24.

bailleur (1532-5); XV, Coquillard, éd. Héricault, I, 95; 1337, ex. dans God., VIII, ép. *baylleor*.

ballotter 1 (1552); 1492, *Ord.*, dans God., VIII, ép. *baloter*.

barytoner (1532-5); J. Le M., dans God., VIII.

basse-cour (1532-5); 1515, Arch. de Tournai, dans God., VIII, ép. *basse-court*; XIV, Eust. Deschamps, dans God., VIII, ép. *basse-court*.

berceau (1532-5); av. 1493, Olivier de la Marche, *Mém.*, éd. *Panth. litt.*, p. 336.

blasphémer (1546); 1504, J. Le M., IV, 44.

40. bocal (1532-5); 1520, *Invent.*, A. Gir., dans God., VIII, ép. *baucquaulx.*

borne (1532-5); 1453, ex. dans Villon, éd. Longnon, p. XL, ép. *bourne.*

bouchon (1532-5); 1461, *Ord.*, dans God., I, au sens de *petit bouquet, petite botte* (de chanvre).

boursouflé (1532-5); XV, Coquillard, éd. Héricault, I, 71; 1482, *Vie et passion de saint Didier*, éd. Carnandet, p. 62.

brandi (1546); Th. de Kent., dans God., I.

brase (1532-5); 1335, Cart. de saint Ét. de Vignory, dans God., VIII, au sens de *braise.*

brièvement (1532-5); 1337, Arch., dans God., VIII; 1277, Ord., dans Ibid.

brimbaler (1532-5); XV, Lefranc, *Champ. des dames*, dans God., VIII.

brin (1546); av. 1452, A. Greban, *Passion,* 17377.

brodure (1532-5); 1504, J. Le M., IV, 110; 1482, *Vie et passion de saint Didier*, éd. Carnandet, p. 383; 1468, Olivier de la Marche, *Descr. des fêtes de 1468*, p. 26.

50. brusque (1532-5); fin XV, Commines, éd. Dupont, III, 406 (pièces justif.), ép. *brustque;* 1494, Entrée du roy en la ville de Naples, dans God., VIII, ép. *brusque.*

cabane (1532-5); 1473, Arch., dans God., VIII, ép. *chabanne;* 1462, texte relatif à l'*Astarac*, dans Ducange, selon le *Dict. gén.*, ép. *cabanne.*

cadre (1549); XIV, Modus et Racio, dans God., I, au sens de *quartier* (de la lune).

cagot (1532-5); XV, *Journal de Paris*, dans God., VIII, ép. *cagou.*

cagoule (1552); XIII, Pean Gatineau, dans God., VIII, ép. *cagole.*

capable (1532-5); 1512, J. Le M., I, 5, 233, etc.; 1482, *Vie et passion de saint Didier*, éd. Carnandet, p. 107; av. 1452, A. Greban, *Passion,* 2662.

caquesangue (1532-5); XV, J. Molinet, *Chron.*, dans God., VIII, ép. *cacqsangue.*

cassine (1532-5); v. 1508, J. Marot, *Voyage de Venise*, dans God., IX.

célèbre (1532-5); 1503, J. Le M., IV, 238.

chevau-léger (1532-5); 1495, Commines, éd. Dupont, III, 408 (pièces justif.), employé au pluriel.

60. chiourme (1549); 1494, Commines, éd. Dupont, III, 372 (pièces justif.), ép. *cheurme.*

chute (1532-5); 1504, J. Le M., IV, 90; Froissart, dans God., IX.

clandestinement (1532-5); 1398; *Ord.*, dans God., IX.

clemence (1532-5); av. 1493, Olivier de la Marche, *Mém.*, éd. *Panth. litt.*, p. 318,345; av. 1452, A. Greban, *Passion*, v. 1441;

1413, ex. dans God., IX, ép. *clemance;* N. B. *clementia,* dans Sainte-Eulalie.

codex (codice) (1532-5); 1512, Contreblason de Faulses Amours, dans Brunot, *Hist. de la langue fr.,* I, 529, ép. *codice.*

codicille (1552); 1278, *Testament,* dans God., IX; 1269, ex. dans Ibid., ép. *codicelle.*

colonel (coronel) (1552); 1551, ex. dans God., IX, ép. *couronnal.*

commode (1532-5); 1475, texte donné par le *Dict. gén.*

conflagration (1532-5); 1503, J. Le M., IV, 190.

continûment (1532-5); 1302, *Ord.,* dans God., IX, ép. *continuement.*

70. contour (1549); XIV, Froissart, dans God., IX; 1311, ex. dans Ibid.

convier (1532-5); 1447, Stat. pour Saint-Omer, Arch. mun., dans God., II, infinitif employé comme substantif.

copiste (1532-5), XV; Coquillard, éd. Héricault, I, 99.

coquecigrue (1532-5); XIV, Eust. Deschamps, dans God., IX, ép. *coquesague.*

cordelière (1532-5); av. 1502, Olivier de la Marche, *Tr. des dames,* str. 106.

croquer (1532-5); 1530, Palsgrave, dans God., IX, ép. *crocquer.*

cycle (1534); 1524, ex. dans God., IX, ép. *ciecle.*

damer (1552); 1482, *Vie et passion de saint Didier,* éd. Carnandet, p. 42. Le sens du passage n'est pas clair.

dauber (1546); XV, Éloi d'Amernal, dans God., IX.

déboutonner; XV, M. de Rich., II, dans God., IX, ép. *desboutonner.*

80. déceler (1532-5); XV, *Cent Nouvelles nouvelles,* éd. Garnier frères, pp. 9, 176, 314; XV. Jean de Wavrin, éd. « Rolls Series », I, 26.

déjection (1552); av. 1549, *Dernières poésies de Marguerite de Navarre,* éd. A. Lefranc, p. 235, au sens d'*abaissement.*

demi-dieu (semi-dieu) (1532-5); 1512, J. Le M., IV, 48, ép. *demydieu.*

déparquer (1546); 1491, *Orose,* dans God., IX, ép. *desparquer.*

déposant (1532-5); 1484, *Commines,* éd. Dupont, III, 113 (pièces justif.); 1478, Coquillard, éd. Héricault, II, 93-94.

déraisonner (1552); av. 1517, Fossetier, *Chr. Marg.,* dans God., II, ép. *desraisoner.*

désopiler (1546); av. 1320, Bern. de Gordon, éd. 1495, dans God., II, ép. *deopiler.*

diableteau (1552); XV, Éloi d'Amernal, dans God., IX, ép. *dyableteaux* (pl.).

dialecticien (1546); XII, Evrat, dans God., IX, ép. *dialeticien.*

dive (1546); Aye d'Avignon, dans God., II.

90. docte (1532-5); 1527, J. Bouchet, *Panég. de L. de la Trémoille,* éd. *Panth. litt.,* p. 790.

dompteur (1532-5); 1515, Chanson, dans God., IX; av. 1474, Chastellain, dans Ibid.

émotion (1532-5); 1512, J. Le M., II, 107, ép. *emotion;* av. 1474, Chastellain, dans God., IX, ép. *esmotion.*

empuantir (empuanter) (1532-5); 1498, Arch. de l'Aisne, dans God., IX, ép. *empuanter.*

endêvé (1546); av. 1399, Jean d'Outremeuse, dans God., IX, ép. *enderveis.*

épilepsie (1546); XIV, *Oresme,* dans God., ép. *epylencie.*

escamper (1532-5); 1515, Chanson sur Marignan, dans God., IX.

escarcelle (1552); 1482, *Vie et passion de saint Didier,* éd. Carnandet, p. 282.

escarpin (1546); 1512, J. Le M., dans *Delb. Rec.* (voy. *Dict. gén.*), ép. *escalpin.*

espade (1546); 1482, *Vie et passion de saint Didier,* éd. Carnandet, p. 288, au sens d'*épée.*

100. éthéré (1552); v. 1508, J. Marot, dans God., IX.

fâcherie (1532-5); 1527, J. Bouchet, *Panég. de L. de la Trémoille,* éd. *Panth. litt.,* p. 795, ép. *fascherie;* 1504, J. Le M., IV, 103, ép. *facherie;* 1483, Coquillard, éd. Héricault, II, 185, ép. *facherie.*

falourde (1549); 1311, Cart. de Cambron, dans God., IX, ép. *vallourde.*

farfadet (1532-5); XV, Dampmartin, dans God., IX.

festin (1532-5); 1527, J. Bouchet, *Panég. de L. la Trémoille,* éd. *Panth. litt.,* pp. 751, 797.

feston (1549); 1533, Est. de Médicis, dans God., IX.

fidèle (1532-5); 1527, J. Bouchet, *Panég. de L. de la Trémoille,* éd. *Panth. litt.,* p. 778, ép. *fidelle.* Cf. ex. de *fidèlement* en 1531, *Rev. des Ét. rab.,* III, 215.

fortuit (1532-5); 1512, J. Le M., I, 239.

fouquet (1532-5); 1504, J. Le M., IV, 162, comme nom propre.

fréquent (1552); 1504, J. Le M., IV, 90; *fréquemment* déjà au xv° s. (voy. *Dict. gén.*).

110. frustrer (1532-5); 1504, J. Le M., IV, 34; av. 1433, Alain Chartier, *le Génial,* éd. Heuckenkamp, 27. Nombreux exemples du xv° s.

gare 1 (1532-5); XV, Chansons, dans God., IX, ép. *gaire.*

gémeau (1546); XII, Lais de Marie de Fr., dans God., IX.

gendarmerie (1532-5); 1527, J. Bouchet, *Panég. de L. de la Trémoille,* éd. *Panth. litt.,* p. 727.

gondole (1549); 1529, Inv. de Cath. de Médicis, dans God., IX, ép. *gondolle,* au sens de *vase à boire;* 1246, Propos. des comm. de Fr. à la comm. de Gênes, dans God., IX, ép. *gondele,* employé au sens moderne.

grattelle (1532-5); XIV, Eust. Deschamps, dans God., IX, ép. *gratelle.*

grenouillère (1532-5); 1299, ex. dans God., IX, ép. *grenollière.*

grignoter (1532-5); av. 1452, A. Greban, *Passion*, 3845, ép. *grin-goter*.

grincer (1532-5); 1530, Palsgrave, dans God., IX, ép. *gryncher*.

gringuenaude (1532-5); 1478, Coquillard, éd. Héricault, II, 137, ép. *Gringenault*, forme masculine employée grotesquement comme nom propre.

120. grisonner (1546); 1527, G. Cretin, *Chants roy.*, éd. 1527, dans God., IX.

grole (1532-5); 1523, Pièce de 1523, dans God., IV, ép. *grolle*.

gyromancie (1546); XIV, *Oresme*, dans God., IX.

hectique (1546); 1453, Villon, éd. Longnon, XLVIII, ép. *étique*.

héliotrope (1546); 1372, Corbichon, dans God., IX, ép. *elitropie*.

hottée (1546); XV, Coquillard, éd. Héricault, I, 115.

importance (1536); 1512, J. Le M., II, 48; XV, Commines, dans God., IX.

inculquer (1532-5); 1512, J. Le M., I, 246.

indication (1552); av. 1549, J. de Gaigny, dans God. J. de Gaigny mourut en 1549.

indult (1546); 1542, Cart. de Cysoing, dans God., ép. *indoulte*.

130. industrieusement (1552); 1512, J. Le M., II, 74.

inépuisable (1532-5); 1504, J. Le M., IV, 55; ép. *inespuisable*.

inerte (1532-5); av. 1502, Oct. de Saint-Gelais, dans God., ép. *inherte*.

inférer (1532-5); 1504, J. Le M., IV, 80, etc.; av. 1452, Arnoul Greban, *Passion*, v. 2402; XV, *Cent Nouvelles nouvelles*, éd. Garnier frères, p. 165. ép. *inferrer*.

inopiné (1546); 1504, J. Le M., IV, 23.

inopinément (1549); 1463, Coquillard, éd. Héricault, II, 324, ép. *inopinativement*.

inscription (1532-5); 1512, J. Le M., I, 257.

instant 2 (1532-5); 1503, J. Le M., IV, 238.

intempéré (1532-5); 1527, J. Bouchet, *Panég. de L. de la Tré-moille*, éd. *Panth. litt.*, 1886, p. 733.

interpolation (1546); av. 1362, Bersuire, Tite-Live, dans God., au sens d'*interruption*.

140. investiture (1536); 1521, Pap. de Granvelle, I, 225, dans God.; 1501, Nég. entre la France et l'Autriche, I, 45, dans God.

iota (1552); XV, Mist. du Viel Test., dans God., ép. *iotte*.

jeûneur (1546); XIV-XV, Christine de Pisan, dans God., ép. *jeuneur*.

lamie (1546); 1527, J. Bouchet, *op. cit.*, p. 790, ép. *lamyes* (pl.).

lancinant (1546); voy. lanciner, dans God.

ligament (1552); 1549, J. Raoul, dans God., ép. *lygamment*.

livêche (1546); XIII, Vocab. of the names of plants, dans God., ép. *luvesche*. Voy. d'autres exemples dans God.

lombard (1532-5); v. 1175, Garnier de Pont-Sainte-Maxence, *Vie de saint Thomas*, dans God., ép. *lumbard*.

lucide (1546); 1524, Jehan Gaché, dans Nyrop, *Gram. hist.*,

I, 39. N. B. Le *Dict. gén.* donne un exemple de *lucidement* qui est du xv° siècle.

lustral (1532-5); XIV, Bersuire, Tite-Live, dans God.

150. magister (magistre) (1532-5); av. 1452, A. Greban, *Passion*, 19258, dans God., ép. *magister.*

magnanime (adv.) (1532-5); av. 1294, Brunet Latin, dans God. Les exemples de ce mot antérieurs à Rabelais sont très nombreux. J'en ai de Jean Le Maire de Belges, de Meschinot, d'Olivier de la Marche, de Jean Bouchet, de Coquillard, etc.

maleficié (1532-5); 1504, J. Le M., IV, 26.

malignement (1532-5); 1531, ex. dans *Rev. des Ét. rab.*, II, 259.

maritime (1532-5); 1463, Coquillard, éd. Héricault, II, 319; 1339, ap. Léopold Delisle, *Act. norm. de la Chambre des comptes,* dans God. On trouve un exemple de 1495 de *maritime*, substantif = *maremma;* voy. vol. III de l'éd. de *Commines* de M^llo Dupont. Voy. aussi dans God. les formes *maritain, maritin.*

maroquin 1 (1552); 1524, Inv. de Marg. d'Autr., dans God., ép. *marroquin.*

masque (1532-5); av. 1508, Martial d'Auv., *Arr. d'am.*, dans God.

massacrer (1532-5); Doon de Maience, dans God., ép. *machacrer.*

masticatoire (1552); 1541, J. Canappe, dans God.

matassin (1549); 1549, Arch. mun. de Lyon, BB. 70, dans God., ép. *matachin.*

160. médiocre (1546); 1545, ex. dans Petit de Julleville, *Hist. litt.*, III, 708.

memento (1532-5); av. 1380, Gace de la Bigne, dans God.

mentionner (1532-5); 1503, J. Le M., IV, 185. Nombreux ex. dans J. Le M. de B.

messie (le Messias) (1532-5); av. 1452, A. Greban, *Passion*, 143, *Messias.* Voy. ex. de *Messie* au xv° s., dans God.

métamorphose (1546); 1512, J. Le M., I, 197, II, 6; 1493, Mansion, dans God.

milliaire (1532-5); XV, Laurent de Premierfait, dans God., 1203, ex. dans God., au sens de *millésime.*

minoratif (1532-5); XIV, *Oresme*, Eth., dans God.

môle (1546); fin XV, G. de Villeneuve, éd. *Panth. litt.*, p. 273.

monacal (1532-5); av. 1527, J. d'Auton, dans God. Jean d'Auton mourut en janvier 1527.

monnayeur (1532-5); 1332, Arrêt du Parlement de Paris, dans God., ép. *monnoyeur.*

170. morille (1532-5); J. Molinet, dans God., au sens de *sorte de projectile.*

morion (1546); 1542, Michel d'Amboise, dans God., ép. *morrion.*

morte-paie (1553); 1478, Coquillard, éd. Héricault, II, 123.

mousse 3 (1552); XV, Chansons du xv° s., dans God., au mot *moge,* au sens de *jeune fille.*

muletier 1 (1532-5); XV, Comptes des mines de Jacques Cœur, dans God., ép. *mulatier;* av. 1517, J. Marot, *Voyage de Venise,* ép. *mulletier.*

narrer (1532-5); 1478, Coquillard, éd. Héricault, II, 116. Les exemples de ce mot antérieurs à Rabelais sont nombreux. J'en ai de Jean Le Maire de Belges, Olivier de la Marche, les *Cent Nouvelles nouvelles,* etc.

nitouche (1532-5); XV, Coquillard, éd. Héricault, II, 249, cette femme *n'y touche.*

nocher (1546); av. 1544, Clém. Marot, dans God., ép. *nocher.*

nymphéa (1546); 1545, J. Martin, dans God., ép. *nymphée.*

oblong (1546); 1540, Tollet, *Chirurg.,* dans God.

180. occurrence (1552); av. 1474, Chastellain, dans God.

olympiade (1553); 1463, Coquillard, éd. Héricault, II, 310, ép. *olimpiade;* XIV, *Oresme,* Eth., dans God., au sens de *jeux olympiques.*

onéraire (1532-5); 1530, Translat. de la première guerre pun., etc., dans God.

onguent (1532-5); 1512, J. Le M., I, 330, ép. *unguent.*

ortolan (1552); 1548, Sainte-Croix, Arch. de la Vienne, dans God., ép. *ortolin,* employé au sens premier de *jardinier.*

oval (1546); 1529, G. Tory, dans God., ép. *ovalle* (fém.).

paillardise (1532-5); 1512, J. Le M., I, 275; av. 1501, R. Gaguin, dans God. Robert Gaguin mourut en 1501.·

palle (1546); 1474, Olivier de la Marche, *Estat de la maison du duc Charles,* etc., dans *Panth. litt.,* p. xvi.

palme 2.

paquet (1532-5); 1527, J. Bouchet, *op. cit.,* éd. *Panth. litt.,* 789; 1496, Commines, éd. Dupont, III, 453 (pièces justif.); 1482, *Vie et passion de saint Didier,* éd. Carnandet, p. 269, ép. *pacquet.*

190. parangon (1532-5); 1504, J. Le M., IV, 68, ép. *parangon;* av. 1502, O. de Saint-Gelais, dans God. Plusieurs exemples de *parangon* et de *paragon* se trouvent dans le complément de Godefroy.

parasite (1546); XV, Therence en franç., dans God.

parque (1546); 1512, J. Le M., I, 185.

passereau (1532-5); 1512, J. Le M., I, 202, ép. *passeron;* Osmont, *Volucr.,* Bibl. nat., 24228, dans God., ép. *passerel.*

patrie (1546); av. 1470, J. Chartier, *Hist. de Charles VII,* dans God.

pécore (1532-5); fin XV, Cotereau, dans God.

pelican (1532-5); 1210, ex. dans *Dict. gén.,* au sens de l'oiseau aquatique de ce nom.

pénurie (1532-5); 1468, Harangue prononcée par Juv. des Ursins, dans God.

perpendiculairement (1532-5); 1512, J. Le M., I, 213.

perversion (1546); 1444, Trad. du gouv. des princes de G. Colonne, dans God.

200. peste (1532-5); 1512, J. Le M., II, 149; 1495, Commines, éd. Dupont, III, 379 (pièces justif.); XIV, J. de Vignay, *Mir. hist.*, dans God. Les exemples antérieurs à Rabelais sont très nombreux.

peuple 2 (1432-5); XV, Vente des biens de Jacques Cœur, dans God.

philosopher (1532-5); Fossetier, *Chron. Marg.*, dans God.

piédestal (1546); 1545, Van Aelst, *Règl. d'archit.*, dans God., ép. *piedestalʒ* (pl.); XV, *Bibl. Éc. des ch.*, dans God., ép. *piedʒ d'estraitʒ*.

pifre; Ph. Mousket, dans God., à *pifle*, ép. *pifle*.

piston (1532-5); 1292, Tert. ap. La Grange, Rec. de test. de Tournai, dans God., au sens de *pilon*.

pivert (1552); 1512, J. Le M., I, 202.

plaidoyer (1532-5); 1492, *Commines*, éd. Dupont, III, 154 (pièces justif.); 1477, Titre, dans Coquillard, éd. Héricault, II, 1; av. 1452, *Cent Nouvelles nouvelles*, éd. Garnier frères, p. 331, ép. *plaidoyé*.

plastron (1546); fin XV, G. de Villeneuve, éd. *Panth. litt.*, 275.

pluvieux (1532-5); 1504, J. Le M., IV, 105; av. 1474, Chastellain, dans God.; XIII, Gautier de Metz, dans Ibid., ép. *pluvieus*.

210. poêlon (paeslon) (1532-5); 1417, Arch., JJ. 170, pièce 127, ép. *palon*. Ex. douteux.

poltron (1552); J. Marot, dans God., ép. *poultron*.

précieusement (1532-5); XII, Troie, 22425, dans God.

précipitation (1546); 1504, J. Le M., IV, 79.

prégnante (1549); av. 1474, Chastellain, dans God., ép. *prennante*.

presager (praesagir) (1546); 1539, P. Verney, *Presaiges d'Hippocras*, dans God., ép. *presagier;* 1503, J. Le M., IV, 208, ép. *presagir*.

procès-verbal (1546); 1512, J. Le M., I, 245; 1484, Séances du Conseil de Charles VIII, dans God.

prohiber (1546); 1512, J. Le M., I, 37; 1463, Coquillard, éd. Héricault, II, 311; 1444, Trad. du gouv. des princes de G. Colonne, dans God.

pudicité (1532-5); 1512, J. Le M., II, 4, 122; 1417, Cart. de Cysoing, dans God.

pulvériser (1532-5); 1504, J. Le M., IV, 86.

220. pygmée; Evrart de Conti, dans God., ép. *pigmeon*.

pythonisse (1546); J. Le Fèvre, *Mathéodus*, dans God., ép. *pihtonisse*.

questeur (1532-5); 1512, J. Le M., I, 138; 1486, Raoul de Presles, *Cité de Dieu*, dans God.

quiproquo (1546); 1482, *Vie et passion de saint Didier*, éd. Carnandet, p. 421; av. 1452, A. Greban, *Passion,* 23289, ép. *quid pro quo.*

râble (1532-5); av. 1391, G. Phébus, dans God.

rame 2 (1532-5); 1512, J. Le M., II, 17; av. 1442, *Ant. de la Salle, sa vie,* etc., par J. Nève, p. 160, ép. *ramme;* XIV, Petit reg. de cuir noir, dans God., ép. *raime.*

raquette (1532-5); XV, Coquillard, éd. Héricault, I, 68; 1314, H. de Mondeville, dans God., ép. *rachette.*

rare (1532-5); 1504, J. Le M., IV, 139.

ratisser (1532-5); 1390, Reg. du Châtelet, dans God.

ravelin 2 (1546); 1450, Aveu de Méru, dans God., ép. *ravellin.*

redoubler (1532-5); 1512, J. Le M., I, 160; 1405, Tut. des enfants de Jaquem. Oliette, dans God., au sens de *regarnir en doublant.*

230. réfractaire (1546); 1539, R. Est., dans God.

refroidissement (1546); 1444, Trad. du gouv. des princes de G. Colonne, dans God.

remercier (1532-5); 1512, J. Le M., I, 171; 1444, Exéc. testam. de Jehan du Touppet, dans God.; av. 1353, Gilles le Muisit, dans God. Les exemples antérieurs à Rabelais sont extrêmement nombreux.

remorquer (1552); fin XV, G. de Villeneuve, dans *Panth. litt.,* 1886, p. 284, ép. *remorcasmes* (1re pers. pl., parf.).

repli (1532-5); 1471, Lett. d'anobl. de J. Rich., dans God.

restrictif (1532-5); 1512, J. Le M., II, 375; av. 1320, Bern. de Gordon, dans God., substantif au sens de *remède restringent.*

retrograder (1546); 1512, J. Le M., I, 141.

rêvasserie (1553); 1537, Act. des Apost., dans God., ép. *ravasserie.*

révérer (1532-5); 1482, *Vie et passion de saint Didier,* éd. Carnandet, pp. 363, 374.

roturier (1546); 1461, Ord., dans God.; 1312, Arch., dans Ibid., écrit *rupturier.*

240. rouche (1532-5); 1397, Inv. de meubles de la mairie de Dijon, dans God., à *rusche.*

sabine (1546); 1545, G. Guéroult, *Hist. des plantes,* dans God.

saccager (1552); 1524, Milice bourgeoise, dans God., ép. *sacraiger.*

safraner (1546); La Saincresse, 17, Montaiglon, dans God., ép. *safrener.*

salive (1546); Rois, p. 85, dans God.

salpétrier (1549); 1540, Ord. de Fr. Ier, dans God.

salubre (1532-5); 1503, J. Le M., IV, 218; 1444, Trad. du gouv. des princes de G. Colonne, dans God. Godefroy donne de *salubrement* un exemple de 1350.

salubrité (1546); 1444, Trad. du gouv. des princes de G. Colonne, dans God.

savant (1532-5); 1504, J. Le M., IV, 111; av. 1491, Meschinot, *Lunettes des princes,* éd. Gourcuff, p. 61.

scandaleux (1532-5); 1512, J. Le M., I, 94.

250. scélérat (1552); 1536, Pap. de Granv., dans God.

scripteur (1532-5); 1512, J. Le M., I, 325, ép. *escripteur;* av. 1362, Bersuire, dans God., ép. *scripteur.*

séculaire (1549); XIV, Cart. de saint Benigne, dans God., ép. *seculare,* employé au sens de *séculier.*

séquence (1532-5); av. 1403, J. Goulain, dans God.; av. 1236, Gaut. de Coinci, dans Ibid.

séraphique (1552); av. 1474, Chastellain, dans God.

serfouette (1532-5); 1360, Inv. de l'ostel de N.-D. des Barres, dans God., ép. *cerfoete.*

siroco (siroch) (1552); XV, Laurent de Premierfait, dans God., av. 1294, Brun. Latin, dans Ibid., ép. *sciloque, siloc.*

songerie (1546); 1491, Orose, dans God.

spiral (1532-5); av. 1442, *Ant. de la Salle, sa vie,* etc., par J. Nève, p. 162, ép. *espiraulx* (pl.).

strapontin (transpontin) (1552); 1428-48, Cour des comptes de Provence, dans God., ép. *strampontin.*

260. stupide (1552); av. 1320, Bern. de Gordon, dans God.

subvenir (1532-5); 1515, Renonciat, ap. Bormans, *Tanneurs liég.,* dans God.; av. 1491, J. Meschinot, *Lunettes des princes,* p. 118; av. 1399, Jean d'Outremeuse, dans God.

superbement (1546); 1538, G. Michel, Justin, dans God.

symboliser (1532-5); 1512, J. Le M., I, 11.

sympathie (1532-5); av. 1429, Gerson, dans God.

symptome (symptomate) (1552); av. 1320, Bern. de Gordon, *Prat.,* éd. 1495, dans God., ép. *sinthome.*

talonnière (1552); 1512, J. Le M., I, 204.

taquin (1532-5); XV, Lefranc, *Champ. des Dames,* dans God.

tarentule (1552); XIV, Voyage de Marc Pol, dans God., ép. *tarantule, tarantole.*

tenace (1546); 1530, Reg. cons. de Limoges, dans God., ép. *tenax.*

270. terminal (1546); 1536, J. Bouchet, *Triomphes de la noble dame,* dans God., éd. 1536.

tester; 1406, ex. dans God.

thériaque (thériacle) (1532-5); 1460, ex. dans God., ép. *tiriacle.* On voit que le mot passe du vieux français *triacle* (xii° s.) par plusieurs formes intermédiaires et qu'il n'y a pas eu interruption mais plutôt transformation graduelle de l'ancien mot sous l'influence de Θηριακή.

thérapeutique (1546); Jardin de Santé, dans God., ép. *terapeutique.*

tintouin (1532-5); 1507, Carneau, *la Stimmimachie,* dans God.; au sens de *souci importun.*

tire-larigot (1532-5); 1403, ex. de *larigot* dans Chr. de Pisan, voy. *Dict. gén.* et God.

tousser (1532-5); XII-XIII, Renclus, *Carité*, dans God., *tousse* à la 3ᵉ personne du singulier.

transparence (1552); 1504, J. Le M., IV, 142; Evrart de Conti, dans God.

trente-et-un (1532-5); 1464, Lett. de Jean de Lannoy, dans God.

tribord (1552); 1531, Parmentier, *Ch. Roy.*, dans God., ép. *tiebort.*

280. trinquer (1552); XII, Ben., *D. de Norm.*, dans God., ép. *drinquer.*

trivial (1549); J. Bouchet, *Ep. fam.*, dans God.

tropologique (1546); 1510; av. 1403, J. Goulain, dans God.

trottiner (1552); 1410, Archives, dans God., ép. *trotiner.*

trouble-fête (1532-5); Ysopet, Ms. de Lyon, dans God., ép. *troble-feste.*

truc (1546); av. 1236, Gaut. de Coinci, dans God.

tuf (1532-5); 1499, Reg. de l'hôtel de ville, dans God., ép. *tuf.*

typhon (1552); 1504, J. Le M., IV, 85, ép. *typhon.*

ut (1552); fin XIV, Eust. Deschamps, dans God., ép. *us.*

utile (1532-5); 1260, Ch. de Saint-Lambert, dans God.

290. vade mecum (1532-5); 1465, Compt. de l'aumônerie de Saint-Berthomé, dans God.

valide (1552); 1530, Reg. consul. de Limoges, dans God.

vénéneux (1552); 1527, Jean Bouchet, *Panég. de L. de La Trémoille*, éd. *Panth. litt.*, 1886, p. 727.

verdet (1532-5); Colin Muset, dans God., X, au sens de *verdoyant* (adj.).

vertement (1532-5); J. Molinet, *Chron.*, dans God., X, ép. *verdement.*

violon (1546); av. 1544, Cl. Marot, dans Darmesteter et Hatzfeld, XVIᵉ s., p. 187.

vivace (1546), XIV; J. de Vignay, *Hist.*, éd. 1531, dans God.

vivifique (1546); 1482, *Vie et passion de saint Didier*, éd. Carnandet, p. 252.

zibeline (1532-5); av. 1474, Chastellain, *Chron. de J. de Lalain*, éd. *Panth. litt.*, 1886, ép. *ʒebeline.*

On peut donc réduire à 680 le nombre de mots qui remonteraient à Rabelais. L'impossibilité où nous sommes de fixer la date de certains ouvrages cités par Godefroy nous a peut-être empêché d'ajouter certains mots à notre dernière liste et ainsi de diminuer encore ce chiffre. Il est d'ailleurs clair que des lectures plus nombreuses et plus attentives des textes du xvᵉ siècle et du commencement du xvie compléteraient sur bien des points notre travail. Nous avons voulu préparer la voie là où il n'est pas encore possible d'arriver à un résultat définitif. Il appartient peut-être aux membres de la *Société des Études rabelaisiennes*, dont nous avons l'honneur de faire partie, de serrer ce résultat de plus près.

Nous pourrions finir par indiquer que, pour certains mots dont nous ne connaissons pas d'exemple antérieur à Rabelais, nous pouvons par contre citer des textes plus anciens qui contiennent des dérivés de ces mêmes mots. Nous prendrons, pour justifier cette observation, un seul cas. Ce sera celui de l'adjectif et de l'adverbe correspondant. Dans les 680 mots dont Rabelais, jusqu'à nouvel ordre, réclamerait la paternité, on constatera la présence des quatre adjectifs *disjonctif, lucide, vigilant, exclusif;* les trois premiers sont de 1546, le dernier de 1532-35. Or, *vigilamment* a été trouvé par M. Vaganay dans un texte de 1537 (*Revue des Études rabelaisiennes*, III, 205); Godefroy nous fournit un exemple de *disjunctivement,* qui est de 1521; *lucidement* est du xve siècle, selon le *Dictionnaire général; exclusivement* remonte jusqu'à 1410. On admettra facilement qu'il est très vraisemblable, pour ne pas dire certain, que l'on finira par trouver, de ces quatre adjectifs, des exemples qui seront antérieurs à Rabelais. Par cette seule indication, on verra qu'il y a encore beaucoup à faire avant de tirer au clair la question dont nous nous sommes occupé dans cet article.

(Leeds.)

Nogent-le-Rotrou, imprimerie DAUPELEY-GOUVERNEUR.